CLÁSSICOS GREGOS E LATINOS

Rio profundo, os padrões e valores da cultura greco-latina estão subjacentes ao pensar e sentir do mundo hodierno. Modelaram a Europa, primeiro, e enformam hoje a cultura ocidental, do ponto de vista literário, artístico, científico, filosófico e mesmo político. Daí poder dizer-se que, em muitos aspectos, em especial no campo das actividades intelectuais e espirituais, a nossa cultura é, de certo modo, a continuação da dos Gregos e Romanos. Se outros factores contribuíram para a sua formação, a influência dos ideais e valores desses dois povos é preponderante e decisiva. Não conseguimos hoje estudar e compreender plenamente a cultura do mundo ocidental, ao longo dos tempos, sem o conhecimento dos textos que a Grécia e Roma nos legaram. É esse o objectivo desta colecção: dar ao público de língua portuguesa, em traduções cuidadas e no máximo fiéis, as obras dos autores gregos e latinos que, sobrepondo-se aos condicionalismos do tempo e, quantas vezes, aos acasos da transmissão, chegaram até nós.

CLÁSSICOS GREGOS E LATINOS

Colecção elaborada sob supervisão
do Instituto de Estudos Clássicos da Faculdade de Letras
da Universidade de Coimbra
com a colaboração
da Associação Portuguesa de Estudos Clássicos

TÍTULOS PUBLICADOS:

1. AS AVES, de Aristófanes
2. LAQUES, de Platão
3. AS CATILINÁRIAS, de Cícero
4. ORESTEIA, de Ésquilo
5. REI ÉDIPO, de Sófocles
6. O BANQUETE, de Platão
7. PROMETEU AGRILHOADO, de Ésquilo
8. GÓRGIAS, de Platão
9. AS BACANTES, de Eurípides
10. ANFITRIÃO, de Plauto
11. HISTÓRIAS - Livro I, de Heródoto
12. O EUNUCO, de Terêncio
13. AS TROIANAS, de Eurípides
14. AS RÃS, de Aristófanes
15. HISTÓRIAS - Livro III, de Heródoto
16. APOLOGIA DE SÓCRATES • CRÍTON, de Platão
17. FEDRO, de Platão
18. PERSAS, de Ésquilo
19. FORMIÃO, de Terêncio
20. EPÍDICO, de Plauto
21. HÍPIAS MENOR, de Platão
22. A COMÉDIA DA MARMITA, de Plauto
23. EPIGRAMAS - Vol. I, de Marcial
24. HÍPIAS MAIOR, de Platão
25. HISTÓRIAS - Livro VI, de Heródoto
26. EPIGRAMAS - Vol. II, de Marcial
27. OS HERACLIDAS, de Eurípides
28. HISTÓRIAS - Livro IV, de Heródoto
29. EPIGRAMAS - Vol. III, de Marcial
30. AS MULHERES QUE CELEBRAM AS TESMOFÓRIAS, de Aristófanes

MARCIAL

EPIGRAMAS
Vol. III

edições 70

Título original: *Epigrammata Martialis*

© Cristina de Sousa Pimentel (Introdução e notas),
Delfim Ferreira Leão (tradução do *Livro VII*),
Paulo Sérgio Ferreira (tradução do *Livro VIII*),
José Luís Brandão (tradução do *Livro IX*),
e Edições 70, 2001

Capa do departamento Gráfico de Edições 70
Na capa: cabeça da estátua de Augusto
da "Prima Porta", Séc. I a. C.

Depósito Legal n.º 172136/01

ISBN 972-44-1103-6

Todos os direitos reservados.

EDIÇÕES 70, LDA.
Rua Luciano Cordeiro, 123 - 2.º Esq.º – 1069-157 LISBOA / Portugal
Telef.: 213 190 240
Fax: 213 190 249
E-mail: edi.70@mail.telepac.pt
www.edicoes70.com

Esta obra está protegida pela lei. Não pode ser reproduzida
no todo ou em parte, qualquer que seja o modo utilizado,
incluindo fotocópia e xerocópia, sem prévia autorização do Editor.
Qualquer transgressão à Lei dos Direitos do Autor será passível de
procedimento judicial.

Nota Prévia

A presente tradução dos Livros VII, VIII e IX dos Epigramas de Marcial *toma como texto de referência a edição de D. R. Shackleton Bailey,* M. Valerii Martialis Epigrammata *(Stuttgart, Teubner, 1990). Pontualmente recorremos às edições de H. J. Izaac,* Martial. Épigrammes *(Paris, Les Belles Lettres, 1930-1933), G. Norcio,* Epigrammi di Marco Valerio Marziale *(Torino, Unione Tipografico-Editrice Torinese, 1980) e D. R. Shackleton Bailey,* Martial. Epigrams (*Cambridge – Massachusetts – London, Loeb Classical Library, 1993).*

A tradução deve-se a três docentes da Universidade de Coimbra: a do Livro VII *é da responsabilidade de Delfim Ferreira Leão; a do* Livro VIII, *de Paulo Sérgio Ferreira; a do* Livro IX, *de José Luís Brandão. A introdução e as notas são de Cristina de Sousa Pimentel, da Universidade de Lisboa.*

Ao Doutor Walter de Medeiros, cujo muito saber nos permite e incentiva a ousadia de prosseguir este projecto, agradecemos a desvelada atenção e a imensa paciência com que nos ajuda a dar feição ao que, não raro, nos saíra auerso deo. *Bem haja.*

INTRODUÇÃO

Os três livros de epigramas de Marcial que agora se apresentam são talvez aqueles que maior importância assumem como documento de uma época singular da história de Roma. Os livros VII, VIII e IX, publicados em 92, 93 e 94, respectivamente, concentram um precioso manancial de informações sobre esses anos do principado de Domiciano. A verdade é que, pelo menos na aparência, tudo parecia correr bem: as campanhas bélicas saldavam-se em triunfos, os templos e monumentos multiplicavam-se ou reerguiam-se, os jogos não deslustravam a tradição, antes a ultrapassavam, as leis e edictos repunham alguns direitos e acautelavam outros, a abundância parecia ter voltado para ficar. Marcial é dos que acredita – ou finge acreditar – que assim era. Como bom amanuense de uma empresa que vende a imagem de políticos, ele prossegue a sua missão de divulgar a versão oficial dos acontecimentos, ainda por cima agradecido com o pouco que lhe cabe dessa suposta grandeza, e sempre esperançado em que um dia ascenderá ao olimpo dos que mexem os cordelinhos do poder. Nem por um só momento deixa transparecer qualquer indício do que já germinava em muitos Romanos, sobretudo entre a classe senatorial e algum povo miúdo: o descontentamento, a tragédia da opressão e das execuções mais ou menos sumárias, a tirania de um senhor feroz que a todos tratava como escravos e se considerava deus, maior até que Júpiter. Essas sementes dariam os seus frutos poucos anos depois: em 96, isolado de todos e suspeitando o destino que o esperava, Domiciano foi assassinado por aqueles poucos em quem ainda confiava.

Uma só vez – talvez por acaso, e ainda assim diluído num episódio do quotidiano – uma só vez Marcial retrata num epigrama o clima de repressão e desconfiança que se vivia em Roma, onde os delatores se misturavam com o povo para ouvir as conversas e denunciar, com proveito próprio, tudo o que fosse ou parecesse ser contra o imperador, desde a mais simples censura ou forjado descontentamento até aos movimentos e conversas que indiciassem conspiração. Nesse epigrama, VII 34, alguém se destaca da massa anónima dos Romanos para interpretar, ou melhor, para deturpar as palavras de Marcial como depreciativas da grandeza do 'senhor e deus' Domiciano. Mas, do mesmo modo que o poeta se apressa a pôr os pontos nos ii, de tal forma é aberrante a ideia de que da parte dele (ou de quem quer que seja) venha outra coisa senão o encómio em estado puro do terceiro Flávio, assim também todo o resto da obra, e estes três livros em particular, são um monumento, construído pedra a pedra, da glória do imperador.

Ainda assim, guardando as distâncias impostas pela adulação do poeta, comparando (ou, talvez melhor, contrapondo) o que Marcial nos diz com o que registaram outros autores, em especial os historiógrafos, é possível entrever o *puzzle*, quase tão fascinante como terrível, de uns anos em que Roma teve à frente dos seus destinos um homem que se arrogava o direito de ser o único a mandar e a decidir, desde logo sobre a vida dos outros. O senado não lhe perdoou o papel de figurante que ele lhe reservou no palco da política, e o povo, que tão facilmente se enfeitiça como se desgosta dos que ocupam as conversas pelos pórticos ou as primeiras páginas dos jornais, fez o que quase sempre faz: sofreu o que havia para sofrer, gozou as benesses, as dos espectáculos e as dos triunfos e as das distribuições de víveres, ficou embasbacado perante os mármores e o ouro do novo Palácio do imperador onde jamais entraria, gritou e aplaudiu a presença de Domiciano nos jogos, o seu regresso a Roma, os seus triunfos militares nas longínquas paragens da Germânia, idolatrou-o ou odiou-o, desinteressou-se.

Marcial, não. Atento, sempre hábil em descortinar o que podia ser matéria para a sua poesia, sempre atento ao que convinha divulgar, ao que havia que calar e também ao que importava distorcer, elaborar, embelezar, acompanha com minúcia as glórias e as misérias destes anos decisivos. No capítulo das campanhas militares, quase diríamos que segue, à distância, os passos de Domiciano. Em 92, os Iázigues atravessaram o Danúbio e massacraram uma legião e o seu comandante, dando origem a uma nova guerra contra os povos do norte, quase todos aliados em torno dos Sármatas. Domiciano partiu para o campo de batalha: saiu de Roma em Maio de 92 (VII 1 e 2) e regressou à capital oito meses depois, no princípio de Janeiro de 93. Pouco se sabe de

Introdução

historicamente fiável acerca desta campanha e é Marcial quem nos fornece certos dados ou permite colocar determinadas hipóteses. O período de oito meses de ausência é confirmado em IX 31. A data do regresso é adiantada em VII 8, VIII 2, 4 e 8. O percurso de Domiciano pode ser calculado por meio de VIII 15 – dirigiu-se à Panónia – e de VII 7 – atravessou o Danúbio para combater o inimigo e atingiu talvez até o Danúbio Inferior (VII 84) e o Reno (VIII 11).

O êxito da campanha não parece, porém, ter sido tão retumbante como Marcial nos dá a entender em VII 5 e 6, epigramas que supostamente transmitem o eco das notícias triunfantes que iam chegando a Roma. O *princeps*, sempre tão ávido das *salutationes*, as saudações militares dos seus soldados, mesmo que por vitórias obtidas por generais ao seu serviço, recebeu apenas uma durante a campanha. Ávido também de triunfos, não quis celebrar nenhum no seu regresso a Roma, embora, diz Marcial (VII 2; 6 e 8), todos esperassem que o fizesse. Contentou-se com a *ouatio*, a ovação, espécie de triunfo de 2ª grandeza, depondo uma coroa de louros no templo de Júpiter Capitolino.

Marcial – e todos os que, sinceros ou interessados, apoiavam Domiciano – interpretou este gesto como modéstia por parte do *princeps* (VIII 15; IX 101), tanto mais que os jogos e as festas não deixaram de revelar a sua bondade no momento de mais uma vitória (VIII 11; 15; 26; 30; 49; 53; 56). Um Arco Triunfal foi erguido no local por onde entrara em Roma (VIII 65); por todo o mundo prestaram-se homenagens e ofereceram-se sacrifícios ao imperador (VIII 4; 15); gente rica, como Arrúncio Estela, encontrou formas específicas e grandiosas de lhe celebrar a vitória (VIII 78); o senado acrescentou o número dos títulos do supremo chefe (VIII *epist.*; IX 93 e 101). No entanto, a oposição a Domiciano entendeu obviamente a seu jeito essa recusa do triunfo, murmurando que o *princeps* não teria querido incorrer em ridículo celebrando o que tinha sido um fiasco militar.

Nada escapa, pois, à lupa de Marcial. E, se a matéria abunda, apure-se o talento e afine-se a técnica do poeta. Num crescendo de interesse pelo que se passa à sua volta e pelos frutos que pode tirar dessa atitude, Marcial empenha a sua arte na construção dos seus livros, cuja estrutura parece pensar ao pormenor. Observemos de que forma o faz.

Como aconteceu em todos os livros anteriores excepto o V, o poeta não dedica formalmente o livro VII ao imperador mas procede de forma a não deixar dúvidas sobre quem é o objecto do seu encómio e o destinatário da nova recolha de poemas: os epigramas 1, 2, 5, 6, 7 e 8 formam um ciclo sobre a campanha contra os Sármatas. Depois, só no epigrama 61 Marcial volta a dirigir-se a Domiciano, para enaltecer a medida que promulgou sobre a higiene e o ordenamento das ruas. Entre 8 e 61, o louvor do *princeps* apoia-se nas referências de 3ª pessoa sugeridas por episódios do dia-a-dia (34), pelo epicédio de homenagem ao pai de Cláudio Etrusco (40), pela exaltação da arte de Rabírio, o arquitecto do novo Palácio (56), por desejos que se formulam a amigos (28). Pelo meio, algumas relações de clientela parecem terminar, como a que o unia a Régulo (16; 31), enquanto outras se confirmam, como a de Domício Apolinar (26) ou Póla, a viúva de Lucano (21; 22; 23). Os amigos de sempre não deixam de estar presentes: Júlio Marcial (17), Estela e a mulher (36; 50), Pudente (11; 14), Faustino (12)... Este último assume mesmo um papel fundamental pois Marcial formula-lhe o desejo de que o leia e defenda junto de Domiciano, garantindo, para que tal aconteça, que nunca os seus escritos resvalaram para a calúnia e sempre evitou o ataque pessoal. Antes, porém, de voltar a dirigir-se ao imperador (61), o epigrama 60 prepara esse tom de proximidade, como se o aparente silêncio sobre o *princeps* começasse a tornar-se pesado: o poeta invoca Júpiter, pede-lhe protecção para Domiciano e mostra ao deus (ao do Olimpo e ao do Palatino, claro...) que é ao *princeps* que deve apresentar os pedidos que a si mesmo respeitam.

O livro termina com o epigrama 99, dirigido a Crispino, um (parece que execrável) liberto do imperador. E é significativo que assim seja: a recolha começara com um ciclo dedicado ao *princeps*, de louvor em estado puro, como que desinteressado. A concluí-la, Marcial invoca protecções mais próximas, quiçá mais substanciais, deixando claro qual é a sua moeda de troca: tem valor literário e é inexcedível em missões de propaganda.

No livro VIII, pela segunda vez na sua obra, Marcial dedica formalmente um livro a Domiciano. E fá-lo agora ainda com mais solenidade que no livro V, pois recorre a uma epístola introdutória. Aí faz a sua declaração de intenções: diz que deseja agradar ao imperador e que é isso que vai fazer; afirma que pretende venerá-lo, bem como divulgar e louvar a sua acção. Em suma: o poeta apresenta um programa, um sumário e a explicação da estrutura do próprio livro.

O programa consiste em: louvar o imperador, mais ainda que nos livros anteriores porque as razões para o fazer são de longe mais abundantes; depois, entremear os epigramas laudatórios com alguns gracejos, para que não se frustrem os seus objectivos e, em vez de agradar ao senhor de Roma, consiga cansá-lo; em seguida, moderar a linguagem típica do género, como convém para não chocar o censor máximo; por

Introdução

último, recorrer de preferência à matéria real, que é abundantíssima, em detrimento da imaginação.

Ora, a epístola introdutória é também um agradecimento, porque, na perspectiva do autor, todos os livros anteriores devem a fama ao favor que Domiciano lhes dispensou, mas também porque falam do *princeps* e isso faz com que sejam lidos. Assim, o poeta escolhe confiante o seu caminho: a modéstia do imperador, que Marcial bem conhece, não lhe permite, como gostaria e seria justo, ocupar o seu novo livro exclusivamente com epigramas sobre a actuação gloriosa do *dux*; daí a inserção de todos os epigramas que não falam dele. Além disso, a castidade de tão rigoroso censor justifica a inexistência de epigramas obscenos. Em suma, e como balanço irrefutável, Marcial garante que a melhor e a maior parte do livro é a que fala de Domiciano.

Ao longo do livro, o poeta cumpre o que prometeu e, em 82 epigramas, 22 ocupam-se do imperador, num leque temático extremamente variado; reforça o número de poemas que se dirigem ('tu') a Domiciano (4; 11; 15; 21; 24; 26; 36; 39; 49; 53; 56; 65; 78; 80; 82), sem desprezar aqueles em que procura intermediários divinos para poder falar, na 3ª pessoa, dele (1: a Minerva; 2 e 8: a Jano; 21: a Fósforo, a Estrela da Manhã; 66: às Musas…); por fim (82), fecha o livro com um pedido de protecção para todos os poetas, emoldurado pelo louvor de todos os campos em que Domiciano se distingue como inexcedível, inclusive o literário.

No entanto, e embora o livro VIII seja primordialmente marcado pela figura do *princeps*, nem por isso Marcial esquece a importância de gente como Parténio (28), Faustino (41), Crispino (48), Sílio Itálico (66), Istâncio Rufo (46; 50; 73), Severo (61), Mélior (38), uns porque são ricos, outros porque são poderosos, alguns porque são também seus amigos, do mesmo modo que não deixa de experimentar novos arrimos, como acontece em relação a Arcano (72), Entelo (68) e o futuro imperador Nerva (70).

O livro IX é o último que chegou até nós em versão publicada em vida de Domiciano: dedicado no prefácio a dois amigos e protectores, Torânio e Avito, o epigrama 1 logo apaga as dúvidas sobre quem vai o poeta louvar e a quem se consagra mais esta recolha de poemas. A percentagem de epigramas dirigidos ao *princeps*, ou que dele falam, ou, ainda, que referem as suas realizações, o seu comportamento ou aqueles que lhe são queridos (*e.g.* o ciclo de seis poemas sobre o jovem favorito Eárino), é ainda mais elevada que no livro anterior e atinge quase um terço. A distribuição dos poemas é mais uniforme, tal como acontecera em VIII, e só entre 42 e 64 não encontramos qualquer composição que o evoque de uma qualquer maneira. Todos os pretextos são válidos para o lembrar: justeza de medidas que tomou (5; 7), construções grandiosas (3; 20; 34; 64; 65; 101), jogos (40; 83), a morte de uns (86), a glória de outros (23; 24; 28; 31; 84).

Mais uma vez, como é devido, Marcial não descura outros patronos: os amigos de sempre, como Estela (42; 55; 89) e Quinto Ovídio (52; 53; 98), os próximos de Domiciano que lhe podem garantir algumas migalhas do Palácio, como é o caso de Parténio (49), ou as relações mais recentes que tenta aprofundar, como Nerva (26). Outros protectores mais antigos, e que a morte leva, não deixam de ser recordados, por gratidão ou, talvez, a pedido dos herdeiros (30; 51).

Uma observação, em jeito de balanço, impõe-se sobre os primeiros nove livros de epigramas: Marcial foi aperfeiçoando a sua técnica, literária, sim, mas sobretudo de propaganda, enquanto consolidava a sua posição como poeta da corte imperial (ou, pelo menos, à medida que ia tendo essa ilusão...). Por isso, não só o louvor do *princeps* é cada vez mais frequente e multímodo, como também a própria escolha dos patronos que lhe servem de real amparo e protecção é feita cada vez mais em função de interesses concretos ou de amizades que se fortalecem.

Pelo meio, talvez mais escassos mas nem por isso menos crus, os epigramas sobre a 'gentinha', desprezível, depravada, ridícula ou tão--somente vulgar, não deixam de assomar aqui e ali, como se, rompendo os espartilhos da censura e sacudindo do pescoço o jugo das interessadas blandícias, manifestassem o talento mais genuíno e a alma mais verdadeira do poeta. De novo encontramos os pobres diabos que vivem a mal amada vida de clientes, os desumanos patronos e os novos-ricos arrogantes, as mulheres depravadas e os homossexuais camuflados, os que (só) vêem o argueiro nos olhos dos outros e os que fazem da caça às heranças a ocupação primeira, os glutões de mão comprida e olho rapace, os pelintras cheios de empáfia e de artimanhas, os falsos poetas e os maus oradores... A todos retrata o poeta com muita ironia, muito humor, muito realismo, às vezes roçando uma descarada obscenidade. Às vezes, cada vez mais vezes talvez, a bílis do poeta e a impaciência perante o destempero do mundo juntam-se ao desencanto e ao travo amargo da vida pequenina. Mas logo Marcial faz coro com os que apregoam a grandeza da época e, com os seus poemas, urde a teia em que brevemente ficará preso. O ano de 96 está próximo. Os assassinos do imperador espreitam o momento azado e conspiram dentro do próprio Palácio.

EPIGRAMAS
LIVRO VII

LIVRO VII

1

Toma esta rude couraça da belicosa Minerva,[1]
   tu, a quem a própria ira dos cabelos de Medusa[2] teme.
Enquanto a deixares de lado, César, loriga se poderá chamar:
   quando o teu sacro peito recobrir, a própria égide será.[3]

2

Couraça de nosso amo, à seta dos Sármatas impenetrável
   e mais segura que a gética protecção de Marte,
que, para defesa contra o golpe da lança etólia,[4]
   a garra esquiva de inúmeros javalis entreteceu:
ditosa sorte a tua, a quem o peito sagrado tocar
   foi dado e sentir o calor do espírito do nosso deus.[5]
Acompanha-o e conquista, ilesa, grandes triunfos,
   mas restitui, depressa, o nosso chefe à toga de palmas.[6]

---

[1] Na campanha contra os Sármatas, Domiciano usava uma couraça que reproduzia a égide de Minerva, deusa por quem tinha particular devoção.

[2] V. n. VI 10, 11.

[3] A abrir o livro, a afirmação clara da divindade de Domiciano: o seu peito é 'sacro'; ao tocar-lhe o corpo, uma simples couraça transformar-se-á em protecção divina.

[4] A lança de Meléagro, que derrotou o javali de Cálidon. V. n. a *Spect.* 17, 2.

[5] Domiciano. V. n. a IV 1, 10.

[6] A *toga palmata* ou *toga picta* é a que o general enverga no triunfo.

3
Por que razão te não envio, Pontiliano, os meus livritos?
Para que tu, Pontiliano, me não envies os teus!

4
Opiano andava, Cástrico, de má cor:
então, desatou a escrever uns versos.[7]

5
Se a saudade, César, do povo e dos senadores
    tu queres atender e as alegrias sinceras da lácia toga,
restitui o deus[8] às preces que o reclamam. Inveja Roma
    o seu inimigo, embora louros mil lhe possam vir:
é que ele vê de mais perto o senhor do mundo[9] e com teu
    rosto se aterra o bárbaro e se deleita.

6
Será que, voltado para nós, das lonjuras hiperbóreas[10]
    já César se apresta a trilhar os caminhos da Ausónia?[11]
Mandado oficial não há, mas um coro de vozes o anuncia:
    confio em ti, Fama, pois a verdade costumas dizer.[12]
Os relatos de vitória confirmam o gáudio geral,
    florescem os dardos de Marte, com suas pontas laureadas.[13]
Eia! de novo Roma para ti clama grandes triunfos,
    e com o nome de invicto, César, ressoas pela tua cidade.

---

    [7] A palidez pareceria própria de poetas e outros seres embrenhados em livros.
    [8] Domiciano. V. n. a IV 1, 10.
    [9] *Terrarum dominus*. V. n. a V 8, 1 e V 57, 1.
    [10] Das paragens do norte onde se encontrava em campanha, que durava há oito meses. Os Hiperbóreos eram um povo mítico que os Gregos acreditavam que viviam num longínquo e inacessível Norte, adoradores de Apolo, que junto deles vivia de tempos a tempos.
    [11] Nome, sobretudo poético, da *Italia*.
    [12] A Fama era representada como tendo inúmeros olhos e imensas bocas. Deslocava-se voando e habitava num palácio de bronze, com múltiplas aberturas por onde entravam todas as vozes, mesmo as mais fracas, que de imediato eram reenviadas e amplificadas. Vivia acompanhada da Credulidade, do Erro, do Terror, dos Boatos... Ainda assim, Marcial acredita nela.
    [13] Em triunfo, os soldados ornavam as armas com folhas de loureiro, símbolo da vitória.

Livro VII

Mas agora, para que maior seja a confiança da alegria,
vem tu mesmo anunciar os louros colhidos entre os Sármatas.

7

Ainda que a invernosa Arcto[14] e a agreste Peuce
e o Istro[15] que se aquenta no embate dos cascos
e o Reno com seu corno insolente já três vezes partido[16]
te retenham a dominar os reinos de pérfida gente,
a ti, mestre supremo do mundo e pai do universo,[17]
não poderás, contudo, ficar alheio às nossas preces.
É ali que estamos, César, de corpo e alma,
de forma que tu, sozinho, o espírito a todos nos reténs,
a ponto de a multidão do grande Circo já não saber
se é Passerino ou Tigre que agora correm.[18]

8

Agora, Musas risonhas, brincai comigo agora, se outrora o
                                                    [fizestes:
o nosso deus regressa, vencedor, da terra odrísia.[19]
És tu, Dezembro, o primeiro a confirmar os votos do povo;
já se pode gritar em alta voz: «Ei-lo que vem!»
Ditosa sorte a tua! A Jano bem poderias não ceder,
se nos desses tu as alegrias que ele nos dará.[20]

---

[14] A Ursa Maior.

[15] O Danúbio. Peuce é uma ilha na foz desse rio.

[16] Os rios, como o Reno, eram representados com cornos. Neste caso, o facto de três vezes terem sido quebrados alude às anteriores campanhas vitoriosas de Domiciano contra os Germanos. V. n. a V 19, 3.

[17] Mais que *pater patriae*, pai da pátria, título honorífico habitualmente conferido aos imperadores, Marcial invoca Domiciano como *summus mundi rector et parens orbi*.

[18] São cavalos célebres da época. Há duas inscrições que falam de Passerino, o cavalo de cor negra (cf. *CIL* VI 8628 e 10056). Os Romanos tinham uma verdadeira loucura pelos espectáculos do Circo, que acompanhavam com emoção e total entrega. Mas, com Domiciano ausente, as mentes de todos concentram-se numa única preocupação: o regresso do *princeps*.

[19] Toda a região subjugada é designada pelo nome de Odrísia, na Trácia.

[20] Anunciado o regresso no mês de Dezembro, ele só aconteceu em Janeiro, o mês consagrado a Jano.

O soldado gozará, coroado, com os insultos da festa,
   ao desfilar entre os cavalos ornados de louro.[21]
Oxalá também tu, César, meus gracejos e carmes ligeiros possas
   escutar, já que ao próprio triunfo a brincadeira agrada.

9

Agora que sessenta anos Cascélio vai contando,
   é um tipo engenhoso; mas eloquente, quando será?

10

Eros apanha no cu, Lino na boca: que te importa a ti, Olo,
   o que fazem este ou aquele da sua pele?
Matão fode por cem mil sestércios: que te importa a ti, Olo?
   Por causa disso, não serás tu, mas sim Matão a ficar pobre.
Sertório come até ser dia: que te importa a ti, Olo,
   contanto que possas roncar a noite inteira?
Lupo deve setecentos mil a Tito: que te importa a ti, Olo?
   Não dês nem confies a Lupo um asse[22] que seja.
Mas tu disfarças aquilo que te importa, Olo,
   e que bem convinha que fosse cuidado teu.
Deves ainda a togazeca: é isto que te importa, Olo.
   Já ninguém te confia um quadrante:[23] e também isto importa.
A tua mulher é uma puta: é isto que te importa, Olo.
   Já uma filha maior te exige o dote: e também isto importa.
Quinze vezes eu poderia enumerar o que te importa:
   mas o que tu fazes, Olo, a mim há-de importar? Nada!

11

Exiges que seja eu, com o cálamo e por minha mão,
   a fazer as correcções nos meus livritos, Pudente.[24]
Oh como é extremo o teu apreço e amizade por mim,
   que até o autógrafo destas ninharias queres possuir!

---

[21] No triunfo, era permitido aos soldados dirigir ao general vencedor os denominados *carmina triumphalia*, em que nada lhe poupavam, nem do seu passado, nem da sua aparência física, nem sequer do que nos restantes dias seria perigoso revelar. V. n. a I 4, 4.

[22] V. n. a I 103, 10.

[23] V. n. a II 44, 9.

[24] Aulo Pudente. V. n. a I 31, 3.

Livro VII

12

Possa o meu senhor ler-me com rosto aprazível, Faustino,[25]
e acolher os meus gracejos com o ouvido usual,
pois o meu livro não feriu sequer os que seria justo odiar,
nem me agrada a fama à custa do rubor de ninguém.
Que me aproveita que alguns desejem fazer passar por meus
os dardos embebidos em sangue de Licambas[26]
e que, sob o meu nome, se vomite o viperino veneno
que os raios de Febo e a luz diurna se negam a suportar?
Eu brinco sem fazer mal: tu bem o sabes.[27] Juro pelo génio
da poderosa Fama e pelo coro da Castália[28]
e pelos teus ouvidos, que são para mim como forte divindade,
leitor liberto de uma inveja nada humana.

13

Porque Licóris, a fusca, ouviu dizer que o sol de Tíbur
embranquecia o marfim dos velhos dentes,
mudou-se para as colinas de Hércules. Quanto não podem
os ares de Tíbur altaneira! Em pouco tempo negra retornou.[29]

14

Aconteceu à minha miúda, Aulo,[30] um mal terrível:
acabou de perder as suas alegrias e delícias.
Não as que chorava a amante do terno Catulo,

---

[25] V. n. a I 25, 1.
[26] Licambes prometera sua filha Neobule ao poeta Arquíloco (séc. VII a.C.), mas depois voltou atrás com a palavra. A partir daí, o poeta vingou-se, transformando-o no alvo preferencial dos seus versos mordazes. Diz-se que, entre outras revelações, se gabou dos muitos e desbragados favores que Neobule e sua irmã mais nova lhe haviam já dado, acabando por levar pai e filhas ao suicídio.
[27] De novo a afirmação de que as críticas não se dirigem a ninguém em concreto e que jamais incorreu no crime de difamação que Domiciano se empenhou em combater, repondo em vigor as leis que o puniam. V. n. 1 a I *praef.* e a I 4, 7.
[28] As Musas. V. n. a I 76, 11.
[29] Cf. IV 62.
[30] V. n. a I 31, 3.

Lésbia, ao ser privada dos brinquedos do seu pardal,[31]
nem as que carpiu Iântis, cantada pelo meu Estela,[32]
cuja negra pomba voa agora no Elísio.[33]
A luz da minha alma não é afectada por ninharias e amores desses,
nem danos tais movem o coração da minha senhora:
ela perdeu um escravo que contava os seus doze anos
e cuja verga não media ainda um pé e meio!

15
Que rapaz é este, junto às límpidas águas de Iântis?[34]
Será Hilas que foge à Náiade[35] senhora do lugar?
Oh sorte a tua que o herói de Tirinto[36] seja cultuado neste bosque
e que tão de perto zele por essas águas amorosas!
Podes, em segurança, Argino,[37] servir-nos dessas fontes.
Nada te farão as ninfas: mas cuidado, não vá o herói fazer!

16
Cobres em casa, não os tenho. Resta-me apenas, Régulo,[38]
vender os teus presentes: não queres tu comprá-los?

17
Biblioteca de uma requintada vivenda,
de onde o leitor contempla vizinha a Cidade,
se acaso, entre poesia mais sublime,

---

[31] V. n. a I *praef.* 1 e I 7,1. A ironia do fecho do epigrama é reforçada pelos ecos dos poemas de Catulo, nomeadamente pela evocação de 2. 1-2 (*passer, deliciae meae puellae / quicum ludere...*) e 3.4.

[32] V. n. a VI 21, 1.

[33] V. n. a I 93, 2.

[34] O epigrama poderá referir-se a uma estátua que adornava a fonte da casa de Estela e Violentila (cf. VI 47).

[35] V. n. a V 48, 5 e VI 68, 2.

[36] Héracles / Hércules. Embora tenha nascido em Tebas, Anfitrião, seu 'pai' humano, era filho de Alceu, rei de Tirinto.

[37] Argino era um jovem muito belo que vivia na Beócia. Um dia em que se banhava num rio, foi visto por Agamémnon, que se apaixonou por ele e o tentou levar consigo. Em fuga, esgotadas as forças, lançou-se ao rio e morreu afogado. A semelhança com a história de Hilas justifica a alusão, mas há quem entenda que Marcial se dirige a um escravo de Estela que teria esse nome.

[38] V. n. a I 12, 8.

algum recanto houver para a minha jovial Talia,[39]
aceita inserir, mesmo no retiro mais humilde,
estes sete livrinhos que te envio,
pelo cálamo do próprio autor já retocados:
essas correcções é que lhe dão o seu valor.
E tu, com esta pequena homenagem ao teu requinte,
que te fará celebrada e conhecida em todo o mundo,
conserva este penhor do meu afecto,
ó biblioteca de Júlio Marcial![40]

18

Se uma cara possuis de que nem uma mulher se atreveria
 a dizer mal e se nenhuma imperfeição marca o teu corpo,
porque te admiras se raro é o fodilhão que te deseje
 e torne a procurar? É que tens um defeito nada pequeno, Gala.
Sempre que venho fazer o serviço, estamos nós às voltas,
 de material encaixado, não se cala a cona, embora te cales tu.
Quisessem os deuses que falasses tu e ela se calasse:
 é que eu fico inibido com a tagarelice da tua cona!
Preferia que te peidasses: aliás, ao que diz Símaco,[41]
 a coisa até faz bem e provoca ainda o riso.
Mas quem se pode rir dos estalos de uma cona tonta?
 Mal se põe a palrar, quem não perde a tesão e a atenção?
Diz ao menos alguma coisa que abafe essa cona barulhenta,
 ou, se és assim tão calada, aprende com ela a falar!

19

Este pedaço de lenho, que julgas vil e sem valor,
 foi a primeira quilha a sulcar o mar ignoto.[42]
Outrora, não puderam escolhos das Ciâneas[43]

---

[39] V. n. a IV 8, 11.

[40] V. n. a I 15, 1. Recorde-se que o Livro VI foi dedicado a este amigo muito querido do poeta. Sobre a sua *uilla*, cf. IV 64.

[41] Nome de médico (cf. V 9, 2; 4; VI 70, 6).

[42] A nau Argo que levou os Argonautas à Cólquida, para conquistar o Velo de Ouro (v. n. a VI 3, 6). Segundo o mito, terminada a expedição, Jasão deixou-a nas areias de Corinto, consagrada a Posídon, o deus do mar.

[43] As Simplégades, terror dos navegantes, à entrada do Ponto Euxino, que Jasão e os seus venceram.

destroçá-la nem a fúria mais brutal de ondas da Cítia.[44]
Venceu-a o tempo, mas, ainda que tenha sucumbido aos anos,
é mais venerável esta pequena tábua do que seria intacto o
[navio.

20
Não há miséria nem gulodice como a de Santra.
Quando corre, convidado para um jantar de cerimónia,
que ganhou à custa de dias e noites a fio,
três vezes repete as molejas de javali, quatro o lombo
e ambas as coxas da lebre e as duas costas
e não se envergonha de jurar falso sobre o tordo,
nem de às ostras rapinar as franjas esbranquiçadas.
Besunta o sujo guardanapo[45] com buchas de bolo[46]
e lá são colocadas as uvas de púcaro
e um punhado de grãos de romã
e a pele indecente de uma vulva de porca já vazia[47]
e o figo de pingo e o frágil cogumelo.
E porque o guardanapo à força de roubos mil se rompe,
esconde no calor das pregas costeletas roídas
e uma rola decepada, de cabeça já comida.
E não se envergonha de apanhar, com mão comprida,
quanto os limpa-migalhas e os cães hajam deixado.
E não lhe basta à gula o despojo em comida:
enche com vinho de mistura a bilha que tem aos pés.
Quando para casa leva o saque, depois de galgar
duzentos degraus,[48] vai aferrolhar-se no quarto, ofegante,
este glutão: no dia seguinte, põe o despojo à venda.

---

[44] O mar Negro.
[45] V. n. a II 37, 7.
[46] A *placenta*. V. n. a III 77, 3.
[47] Isto é, sem o seu recheio. As vulvas de porca e de javalina eram petisco muito apreciado dos Romanos. Cf. XIII 44 e 56.
[48] A hipérbole sublinha que Santra vive num dos andares mais altos, aqueles que, baratos, humildes e perigosos, eram ocupados pelos mais pobres e miseráveis. V. n. a I 117, 7.

Livro VII

21

É este o dia glorioso, testemunha de um ilustre parto,
que à humanidade e a ti, Póla, ofereceu Lucano.[49]
Ah! Nero cruel, a quem nenhuma outra vítima tornou mais
[odioso.
Este crime, ao menos, não te havia de ser permitido!

22

Está de volta o dia memorável pelo ilustre nascimento do vate
de Apolo: virgens da Aónia,[50] abençoai estas cerimónias.
Ao trazer-te ao mundo, Lucano, este dia mereceu
que o Bétis se juntasse às águas da Castália.[51]

23

Vem, Febo, mas grande como eras quando tu mesmo deste
ao tonante de guerras o segundo arco da lira latina.[52]
Que voto farei, em dia tão ilustre? Que tu, Póla, ao teu marido
amiúde possas honrar e que ele sinta as honras que lhe prestas.

24

Se com o meu Juvenal[53] procuras indispor-me,
língua maldosa, o que não ousarás tu dizer?
Por tuas ímpias invenções, Orestes odiaria Pílades,[54]

---

[49] Póla Argentária, viúva de Lucano (v. n. a I 61,7 e IV 40, 1-2). Este epigrama e os dois seguintes celebram, sem dúvida a pedido de Póla, o *dies natalis* de Lucano, o dia do seu nascimento, prática comum entre os Romanos como homenagem aos defuntos queridos. Também Estácio escreveu um genetlíaco para essa homenagem (*Siluae* II 7).

[50] As Musas do Hélicon, monte da Beócia (v. n. a I 76, 9), também denominada Aónia.

[51] Lucano era natural de *Corduba*, junto ao *Baetis* (Guadalquivir). A *Hispania*, mercê da arte de Lucano, equipara-se assim à Grécia. V. n. a IV 31, 6.

[52] Lucano escreveu o poema épico *Bellum Ciuile* sobre a guerra civil entre César e Pompeio. Marcial considera que o talento que Febo (Apolo) lhe deu apenas foi inferior ao de Vergílio.

[53] O poeta satírico mais conhecido da literatura latina, amigo de Marcial e também ele grande conhecedor das misérias e desgraças da Urbe e das gentes que a povoavam.

[54] V. n. a VI 11, 1.

Teseu não teria contado com o amor de Pirítoo;[55]
os manos da Sicília,[56] os Atridas de maior renome,[57]
os filhos de Leda,[58] tu serias capaz de apartar.
Em paga de tais méritos e audácias, é este o meu voto:
que faças, língua, aquilo que eu julgo que já fazes.

25

Se apenas e sempre escreves epigramas doces
  e mais cândidos que a pele alvaiada,[59]
sem que neles uma ponta de sal haja ou do amargo fel
  uma gota, ainda queres, insensato, que eles sejam lidos?
Nem mesmo a comida sabe se lhe faltar o dente do vinagre
  nem agrada a cara que não tiver a cova de um sorriso.
Às crianças entrega as maçãs doces e os figos insípidos:
  eu cá prefiro os de Quios, que sabem ser picantes.

26

Chega-te, escazonte,[60] ao meu Apolinar[61]
e, se estiver livre – não vás tu importunar –,
dá-lhe este presente, tal como está, de que uma parte
a ele pertence: estreiem os seus ouvidos este carme faceto.
Se o vires receber-te de fronte bem aberta,
roga-lhe que te ajude com seu conhecido favor.
Tu sabes quanto estas minhas ninharias o inflamam
de amor: nem eu mesmo consigo amar-te mais.
Se queres ficar a salvo dos maldizentes,
Chega-te, escazonte, ao meu Apolinar.

---

[55] O amigo inseparável de Teseu, que o acompanhou aos infernos para tentar resgatar Perséfone, raptada por Hades.
[56] Anfínomo e Anápio, dois irmãos de *Catania* que, pondo a vida em risco, salvaram os pais de uma erupção do Etna.
[57] Agamémnon e Menelau.
[58] Castor e Pólux. V. n. a I 36, 2.
[59] V. n. a I 72, 6.
[60] V. n. a I 96, 1.
[61] V. n. a IV 86, 3.

Livro VII

27

Este javali devastador de bolota etrusca, que tanta azinheira
 deixou amolentado, segundo em fama à fera da Etólia,[62]
e que a lança brilhante de meu amigo Déxter[63] trespassou,
 jaz, presa invejosa, estendido à minha lareira.
Engordem os meus Penates,[64] alegres com o húmido vapor,
 inflame-se a cozinha, em festa, com a lenha montesina.
Mas o cozinheiro vai gastar um monte enorme de pimenta
 e ajuntar o falerno misturado com o garo de reserva...[65]
Regressa ao teu senhor, não tens lugar em minha casa,
 javali dissipador: mais barato me sai passar fome!

28

Assim te possa medrar, em Tíbur,[66] o bosque de Diana
 e se apresse a recrescer a mata amiúde abatida,
e nem a tua Palas,[67] Fusco, ceda às mós do Tartesso[68]
 e lagares imensos te concedam um mosto de excelência;
assim te admirem os foros,[69] assim te louve o Palácio[70]
 e muitas palmas te ornem as tuas portas duplas;
mas quando os meados de Dezembro te derem breves ócios,[71]
 examina, com ouvido atento, os gracejos que lês.
«Queres saber a verdade? A coisa é chata.» Mas tu,
 o que gostas que te digam, Fusco, também o podes dizer!

---

[62] V. n. a *Spect.* 17, 2.

[63] Nada se sabe deste amigo de Marcial, que o celebra apenas como grande caçador (cf. XI 69, 3). Há, porém, quem o tenha identificado com *Cn. Afranius Dexter*, cônsul sufecto em 105.

[64] V. n. a I 70, 11.

[65] V. n. a I 18, 5 e III 77, 6.

[66] V. n. a I 12, 1.

[67] Minerva, aqui evocada por ser a oliveira a árvore que lhe era consagrada.

[68] Na Hispânia, entre o Guadalquivir e o Guadiana.

[69] V. n. a III 38, 4. Fusco era advogado e, sempre que ganhava uma causa, via a sua porta ornamentada com ramos de palmeira (cf. v. 6), como era costume em Roma.

[70] Que mais se pode desejar a alguém do que ter o apoio da corte imperial e do próprio Domiciano?

[71] Pelas Saturnais, quando também os tribunais paravam. V. n. a II 85, 2.

29

Téstilo, doce tormento de Victor Vocónio,[72]
o mais conhecido dos jovens que no mundo inteiro há,
sejas tu amado, em tua formosura, ainda que cortes os cabelos,[73]
e que rapariga alguma agrade ao teu poeta;
deixa de lado, por instantes, os doutos livrinhos do senhor,
enquanto leio estes pequenos carmes ao teu Victor.
Embora Marão cantasse o seu Aléxis, também Mecenas[74]
conhecia a negra Melénis de Marso.[75]

30

Dás-te aos Partos, dás-te aos Germanos, Célia, aos Dácios te dás,
nem desprezas os leitos da Cilícia e da Capadócia;
e para ti, de uma urbe de Faros,[76] um fodilhão de Mênfis
navega e, das rubras águas, um negro indiano;
nem aos vergalhos de judeus circuncidados[77] tu foges,
nem o Alano te passa ao lado, com seu cavalo sármata.[78]
Porque ages tu assim? Se és uma rapariga romana,
por que razão não há verga romana que te agrade?

31

Aves ruidosas de curral e ovos de galinhas feitas
e figos de Quios, dourados por um calor fraco,
e a rude cria de uma cabrita gemebunda
e azeitonas que já não resistem ao frio
e a hortaliça queimada pela fria geada,
– julgas lá que te envio isto do meu campo?

---

[72] Amigo de Marcial, também poeta, de que nada se sabe. A sua fonte de inspiração seria a beleza juvenil do jovem Téstilo.

[73] V. n. a I 31, 1, 2 e 8.

[74] V. n. a I 61, 2; I 107, 4 e V 16, 12.

[75] V. n. 2 a I *Epist.* e n. a IV 29, 8. Melénis ('negra', *fusca*, associado ao grego μέλαινα) é o nome sob o qual Domício Marso cantou a sua amada.

[76] V. n. a III 66, 1.

[77] V. n. a IV 4, 7; VII 35, 4 e VII 55, 8.

[78] Célia entrega-se a tudo quanto é bárbaro dominado pelos Romanos, mas despreza o povo dominador. Note-se, todavia, que só os Judeus são nomeados por uma sinédoque (v. 5), que os atira para um lugar ainda mais desprezível que o de todos os outros povos subjugados.

Livro VII

Ah, Régulo,[79] como erras tão redondamente!
Nada, além de mim, produz a minha quintarola.
O que o feitor ou o rendeiro da Úmbria
ou o campo assinalado pelo terceiro marco[80]
ou os Etruscos ou Tusculanos te enviam,
tudo isso me nasce a mim cá na Subura![81]

32

Ático, tu que renovas o nome de uma eloquente família
  e não permites que uma casa ilustre[82] tombe em silêncio,
seguem-te os fervorosos fiéis da Minerva de Cécrops,[83]
  a ti o repouso privado, todo o sábio te aprecia.
Mas dos outros jovens cura um mestre de orelha ratada
  e deles o sujo massagista saca uma fortuna imerecida.
Nem a péla, nem a bola, nem a pelota rústica[84] nas termas
  para ti se apresta, nem o golpe rombo contra um tronco nu,[85]
nem os braços arqueados, envoltos em macio unguento,[86] estendes,
  nem apanhas, em movimento, a grande bola pulverulenta;[87]
é que tu preferes correr bem perto das frias águas da Virgem[88]

---

[79] V. n. a I 12, 8. Esta é a última vez em que Marcial se dirige a Régulo. A relação de patrono / cliente parece ter esfriado definitivamente. Longe iam os tempos dos encómios frequentes. VII 16 anunciava já, pelo tom de alguma impertinência e muito desagrado, que Marcial dera como vãos os esforços de se acolher à sombra de personalidade tão poderosa.

[80] O que marca a distância de três milhas de Roma. Cada milha media aproximadamente 1500 metros.

[81] V. n. a II 17, 1. Marcial compra tudo no mercado: alusão discreta à macrocefalia da Urbe e aos campos não cultivados.

[82] Deve tratar-se de membro da ilustre família romana de que Pompónio Ático, amigo de Cícero, foi talvez o mais distinto representante.

[83] V. n. a I 25, 3.

[84] V. n. a IV 19, 7.

[85] O treino com armas de lâmina embotada de encontro a um tronco.

[86] O *ceroma* (v. n. a IV 4, 10) com que os atletas untavam o corpo.

[87] Ático rejeita os exercícios físicos de treino atlético, recebidos dos Gregos e sempre vistos pelos Romanos com grande desconfiança, partilhada por Marcial (v. n. a IV 55, 7). Note-se o desprezo com que se refere ao 'mestre' deformado pela violência dos treinos (v. 5) e ao massagista que amealha fortunas indecorosas (v. 6). Ático prefere associar à actividade intelectual o exercício moderado da corrida, o *jogging* de hoje.

[88] Junto à *Aqua Virgo*. V. n. a V 20, 9.

ou então onde o touro se inflama com amores de Sídon.⁸⁹
Entregar-se a jogos vários, para os quais qualquer lugar
    serve, quando se poderia correr, é uma forma de preguiça!

33
Tens uma toga mais suja que a lama, mas o calçado,
    Cina, é mais branco do que a neve pura.
Porque cobres os pés, parvalhão, com o manto descaído?
    Puxa-me essa toga, Cina: vais dar cabo dos sapatos!

34
Como pode ser isso, Severo,
que de Carino, o pior dos homens,
alguma coisa boa saia? – perguntarás.
Já te digo, e depressa. Quem há pior que Nero?
Que há melhor que as termas neronianas?⁹⁰
E não faltará logo um desses maldizentes,⁹¹
que, com sua voz rançosa, há-de comentar:
«Ora essa! A todas as obras⁹² do nosso deus e senhor⁹³
tu vais preferir as termas de Nero?»⁹⁴
Prefiro-as aos banhos de um paneleiro!

35
De material apanhado em negro couro, ao teu pé um servo
    estaca, sempre que por inteiro em quentes águas te comprazes.
Mas o meu servo, Lecânia, já para não falar de mim,

---

⁸⁹ No Pórtico de Europa. V. n. a II 14, 3 e 18.
⁹⁰ Cf. II 48, 8; III 25, 4.
⁹¹ Marcial documenta a presença de gente maldosa entre a população, de ouvido atento e denúncia pronta, eventuais delatores de suspeitadas traições ao culto e veneração do imperador. Mas o poeta não se deixará apanhar nas dolosas redes.
⁹² Alusão à política de construções levada a cabo por Domiciano.
⁹³ O título *dominus deusque* que Domiciano determinou que fosse a forma de tratamento obrigatório adoptada por todos os seus súbditos. V. n. a V 8, 1.
⁹⁴ A *damnatio memoriae* de Nero e toda a campanha de censura do seu principado empreendida pelos Flávios, bem como o encómio obrigatório de Domiciano, tornavam impensável tal hipótese.

Livro VII

traz bem à vista um malho digno de um judeu,[95]
e contigo lavam-se novos e velhos em pêlo.
Será que só o teu servo tem uma verga a sério?[96]
Será que te afastas, matrona, para algum retiro de mulheres
e em segredo, cona, te lavas em água que é só tua?

36
Porque as chuvas e o húmido Jove a suportar se negava
a minha rude casa[97] e já nadava em águas invernais,
inúmeras telhas me chegaram, graças à tua generosidade,
para com elas poder esgotar as súbitas chuvadas.
Eis que o arrepiante Dezembro ressoa com o fragor do Bóreas:[98]
cobres a casa, Estela... e não quererás cobrir o agricultor?[99]

37
Já conheces, Cástrico, o sinal mortífero do questor?
Vale bem a pena aprender o novo teta:[100]
sempre que ele assoasse o nariz orvalhado com o frio,
seria essa – ao que ordenara – a marca fatal da execução.
Um pingo indecente pendia do seu odioso nariz,
quando soprou o Dezembro terrível com sua húmida fauce.

---

[95] Dada a circuncisão, os Judeus tinham fama de possuírem órgãos sexuais muito desenvolvidos, o que os tornava apetecíveis aos olhos dos depravados, homens e mulheres. Marcial faz-se eco do preconceito romano contra os Judeus, particularmente activo desde a campanha de Vespasiano e Tito que destruiu Jerusalém em 70 e obrigou o seu povo à diáspora e ao pagamento de um imposto (o que até aí davam para o templo de Jerusalém, arrasado por completo, devia ser dado a Júpiter Capitolino).
[96] V. n. a VII 82, 1.
[97] A *rudis uilla*, isto é, a casa de campo que o poeta possuía em Nomento, nos arredores de Roma.
[98] O vento norte.
[99] O epigrama é um agradecimento a Estela (v. n. a I 7, 1) por dele ter recebido umas telhas para cobrir a casa. Mas Marcial aproveita para lhe pedir uma toga para cobrir o 'agricultor' da propriedade. Há um jogo feito de subentendidos etimológicos: o verbo *tegere* ('cobrir') tem a mesma raiz que o substantivo *toga*, vocábulo que nem chega a ser expresso.
[100] O teta é a letra grega θ, inicial de θάνατος, 'morte', sinal de condenação escrito junto ao nome do réu. O questor presidia aos processos de criminosos de delito comum.

Os colegas seguraram-lhe as mãos... Que mais queres saber?
Não conseguiu o desgraçado, Cástrico, assoar-se.

38
És tamanho e de tal porte, Polifemo, escravo do meu Severo,
que poderia admirar-te o Ciclope[101] em pessoa.
Mas Cila[102] não lhe fica atrás. Se estas duas feras monstruosas
ajuntares, cada uma em terror da outra se tornará.

39
Quando as correrias várias e as errâncias matutinas
e os desdéns e os «bons dias»[103] dos grandes senhores
se negava já a consentir e a suportar,
principiou Célio a fingir que tinha gota.
E ao querer por demais provar como era a sério,
vá de aplicar unguentos e ligas nos pés sãos
e de caminhar com penosas passadas.
Quanto não pode o zelo e a arte de sofrer!
Deixou Célio de fingir que tinha gota.

40
Aqui jaz aquele ancião, famoso na corte imperial,
que de ânimo nobre suportou os humores ambos do nosso
[deus.[104]
A dedicação dos filhos permitiu-lhe unir-se à sagrada sombra
da esposa: aos dois os possui o bosque elísio.[105]

---

[101] Recorde-se que Polifemo era justamente o nome do Ciclope da *Odisseia*, o gigante de um só olho que se preparava para devorar Ulisses e os companheiros que lhe restavam.

[102] Deve tratar-se de uma escrava de Severo. O seu nome, todavia, evoca o perigoso monstro marinho que, juntamente com Caríbdis, assolava o mar da Sicília. Representavam rochedos no estreito de Messina, funestos para a navegação (Ulisses ultrapassou-os, mas perdeu lá seis companheiros, devorados por Cila: cf. *Odisseia* 12).

[103] A prática da *salutatio*, v. n. a I 55, 6.

[104] Este epigrama é um misto de epitáfio poético do pai de Cláudio Etrusco (vv. 1-6) e de *consolatio* para o filho, patrono de Marcial. V. n. a VI 83, 1. Estácio também escreveu uma *consolatio* para Etrusco (*Siluae* III 3).

[105] V. n. a I 93, 2.

Faleceu ela primeiro, da fresca juventude privada;
  ele viveu quase três vezes seis olimpíadas.[106]
Mas julgará que to roubaram em pressurosos anos,
  quem as tuas lágrimas, Etrusco, contemplar.

41
Perfumes de Cosmo[107] pareces usar, Semprónio Tuca.
  Mas perfumes de Cosmo, há-os maus e bons, Semprónio.

42
Se alguém desejar competir contigo em presentes,
  então que ouse fazê-lo também, Cástrico, em versos.
Eu cá sou fraco em ambas as coisas e estou pronto a ser batido:
  por isso me agrada o sono e o repouso profundo.
Perguntas por que razão te terei dado versos tão maus?
  Julgas que Alcínoo nunca recebeu fruta de ninguém?[108]

43
Primeiro: se alguma coisa te pedisse, deverias, Cina, dar-ma.
  Segundo: deverias, e bem depressa, Cina, negar-ma.
Eu gosto de quem dá; não odeio, Cina, quem nega:
  mas tu nem dás nem depressa, Cina, negas!

44
Tenho comigo, Ovídio,[109] esse teu amigo Máximo Cesónio,
  cujo rosto a cera viva ainda agora mantém.[110]
Nero condenou-o: tu, porém, ousaste Nero
  condenar e seguir o destino de um foragido – não o teu.

---

[106] Quase 90 anos, dado que as olimpíadas equivalem, em poesia, a cinco anos. V. n. a IV 45, 4.

[107] V. n. a I 87, 2.

[108] V. n. a IV 64, 29. O palácio de Alcínoo estava rodeado por um pomar luxuriante, que dava frutos de todas as qualidades e durante todo o ano.

[109] Quinto Ovídio (v. n. a I 105, 1). Este epigrama e o seguinte são escritos como consolação a Ovídio pela recente morte do amigo Máximo.

[110] Alusão à máscara funerária de Máximo, a *imago*. V. n. a II 90, 6; IV 40, 1.

Pelas águas de Cila,[111] foste o grande colega do exilado,
quando, pouco antes, colega do cônsul não quiseras ser.[112]
Se hão-de viver os nomes confiados às minhas páginas,
se me for permitido sobreviver às minhas cinzas,
então a gente presente e futura isto há-de ouvir: que foste
para ele o que ele para o seu amigo Séneca havia sido.[113]

45

Poderoso amigo do Séneca facundo,
mais íntimo ou preferido ao caro Sereno,[114]
ei-lo aqui, esse Máximo, que amiúde
a letra ditosa na página saúda.[115]
Tu seguiste-o através das ondas sicilianas,
Ovídio, a quem nenhuma língua deve ignorar,
e desprezaste as iras do governante enfurecido.
Admire-se a antiguidade com seu Pílades,

---

[111] Cesónio Máximo (no epigrama, a ordem dos nomes está invertida por necessidades métricas) foi exilado por implicação na conjura de Pisão (cf. Tácito, *Annales* XV 71. 5). Sobre o lugar de exílio, dividem-se as opiniões: África, para onde foi através da Sicília (v. n. a VII 38, 3)? A Sicília?

[112] Ovídio seguiu o amigo na desgraça, acompanhando-o no exílio; mas, nos dias felizes, quando ele era cônsul, absteve-se de partilhar o fausto e a glória.

[113] Cesónio Máximo terá seguido Séneca (v. n. a II 40, 2) no seu exílio na Córsega, que durou oito longos anos (41-49). Este facto, porém, não é confirmado por nenhuma outra fonte, o que leva a supor que se trata apenas de forma de sublinhar a amizade estreita que os unia. É talvez de Cesónio Máximo que Séneca fala em *Epist.* 87. 2.

[114] Aneu Sereno, *praefectus uigilum*, prefeito do corpo de bombeiros no tempo de Nero, seguidor do epicurismo. A ele dedicou o filósofo os diálogos *De Constantia Sapientiae*, *De Tranquillitate animi* e *De Otio*. Foi ele quem, concertado com Séneca, deu cobertura aos amores de Nero com a liberta Acte, ligação a que Agripina se opunha frontalmente, dispondo-se a simular ser ele o apaixonado da jovem para iludir a imperatriz (Tácito, *Annales* XIII 13.1). Em *Epist.* 63. 14-15, Séneca revela que chorou 'imoderadamente', 'com excessivo pranto', a morte do amigo, já que, sendo ele bastante mais novo, nunca tinha pensado que pudesse morrer antes dele. Tal prova a grande amizade que os unia, pois, mesmo sendo Séneca estóico, acaba por confessar: 'o súbito golpe da fortuna encontrou-me desprevenido' (trad. J. A. Segurado e Campos, Fund. C. Gulbenkian, 1991).

[115] Alusão às letras que encabeçavam as cartas, como forma de saudação: *S. D.* (*salutem dicit*), por vezes *S.* apenas. Não chegou até nós nenhuma das cartas que Séneca terá escrito a Máximo.

que foi companheiro de um exilado da mãe.[116]
Quem poderá comparar as suas desventuras?
Tu foste companheiro de um exilado de Nero.

46

Lá porque desejas recomendar-me a tua prenda com um carme
  e queres falar com língua mais sábia que a de Méon,[117]
de igual modo atormentas muitos dos meus e dos teus dias,
  Prisco, e cala-se a tua Talia[118] quanto à minha prenda.
Aos ricos, podes tu musas e elegias sonantes
  enviar: aos pobres, envia-lhes umas prendas *prosaïques*.[119]

47

Licínio Sura, o mais célebre dos homens ilustrados,
  cuja língua arcaica nos restituiu a ponderação de nossos avós,[120]
estás de volta – ah, tamanha a graça dos fados! –, para nós
  regressas, depois de quase teres provado a água do Letes.[121]
Já as preces haviam perdido a angústia e uma calma tristeza
  te chorava e já para as nossas lágrimas estavas acabado.[122]
Não suportou a invídia o soberano do silente Averno[123]

---

[116] Quando Clitemnestra e Egisto assassinaram Agamémnon no regresso da guerra de Tróia, Orestes escapou à morte graças à intervenção de sua irmã, Electra, que o levou para junto do rei Estrófio, casado com uma irmã de Agamémnon. Aí se ligou por amizade imensa a Pílades, filho de Estrófio e, portanto, seu primo; aí aguardou o momento de voltar para vingar a morte do pai.

[117] Homero, assim designado porque um dos locais apontados para o seu nascimento foi a Meónia, antigo nome da Lídia, ou, segundo outros, porque o nome de seu pai era Méon.

[118] V. n. a II 22, 2.

[119] No original, o poeta utiliza o termo grego πεζά, que significa 'rasteiro' 'prosaico'. A tradução por uma palavra francesa visa manter a ambiguidade de sentido, bem como o uso de um vocábulo estrangeiro.

[120] V. n. a I 49, 40. O estilo e os gostos de Sura, a quem se dirige este *soterion*, seguiriam a corrente arcaizante dos *antiquarii*. Segundo informação da *Historia Augusta* (*Hadr.* 3. 11), Sura veio a ser o autor dos discursos proferidos por Trajano.

[121] Letes, o 'Esquecimento', filha de Éris, a 'Discórdia', deu o seu nome ao rio dos infernos, cuja água os mortos bebiam para esquecerem a vida terrena.

[122] Texto inseguro.

[123] V. n. a I 62, 3. Junto dele ficava a entrada dos infernos, exactamente por onde Eneias desceu ao mundo dos mortos (Vergílio, *Eneida* VI). O 'soberano' dos infernos é Plutão (Hades).

e ele mesmo aos Fados[124] devolveu os fusos rompidos.[125]
Conheces, por isso, quantos os lamentos que a tua falsa morte
a todos provocou e usufruis da tua própria posteridade.
Goza a existência, como se fora roubada, e colhe as fugitivas
                                        [alegrias:
que a vida recuperada nem um só dia perca.[126]

48

Embora tenha quase trezentas mesas,[127]
em lugar das mesas tem Ânio os seus criados:
andam as tigelas a correr e voam os pratos.
Tenham lá esses banquetes, ricalhaços:
por mim, fico chocado com um jantar ambulante.

49

Umas parcas prenditas te envio, da minha horta suburbana:
ovos para esse teu apetite, Severo, fruta para a tua gula.

50

Fonte da senhora, onde se ufana Iântis, a rainha do lugar,[128]
   glória e delícia de uma ilustre morada,
já que a margem tens ornada por tão alvos servidores
   e na água resplandece um coro de ganimedes,[129]
que anda o venerável Alcides neste bosque a fazer?
Porque possui este deus uma gruta assim tua vizinha?
Estará ele a espiar os sabidos amores das ninfas,
   não vão outros tantos Hilas ser também raptados?[130]

---

[124] Os *Fata*, as divindades do Destino.
[125] V. n. a I 88, 9.
[126] De novo o tópico do *carpe diem* horaciano.
[127] Hipérbole que sublinha a ostentação de Ânio (v. n. a II 43, 9). Ora, tanta mesa não servia para nada, pois, com a nova moda de não pôr a comida em mesas ao alcance dos convidados, ninguém conseguia 'apanhar' nada do que os escravos traziam e levavam num piscar de olhos.
[128] Cf. VI 47; VII 15.
[129] V. n. a I 6, 1. Marcial alude decerto às estátuas que bordejavam a fonte.
[130] V. n. a V 48, 5. Alcides (v. 5) é Hércules / Héracles. V. n. a V 65, 2.

Livro VII

51
Se te enfada comprar, Úrbico, as minhas bagatelas,
  embora te apeteça conhecer os versos lascivos,
vai perguntar a Pompeio Aucto – a quem talvez conheças.
  Ele senta-se à entrada do templo de Marte Vingador,[131]
ensopado em direito e polido em todas as práticas da toga:[132]
  o fulano não é meu leitor, Úrbico, é o próprio livro.
De tal forma possui e declama os meus livrinhos, mesmo ausentes,
  que letra alguma perde dos meus escritos.
Em suma: poderia, se o quisesse, passar por seu autor;
  mas ele prefere trabalhar para a minha fama.
A partir da hora décima – já que antes não terá vagar bastante –[133]
  o poderás buscar e a ambos vos acolherá um modesto jantarinho.
Ele irá ler, mas tu bebe; ainda que o não queiras, ele irá cantar
  e mesmo que lhe digas «já chega!», ele continuará a ler.

52
É-me grato que a Célere[134] leias os meus livritos, Aucto,
  se é que as tuas leituras, Aucto, a Célere agradam.
Ele governou as minhas gentes, os Celtas e Iberos,
  e não houve no nosso mundo homem de maior confiança.
Tanto mais este respeito me perturba, pois que o seu ouvido
  não é, para mim, de um ouvinte, mas antes de um juiz.

53
Pelas Saturnais[135] me enviaste, Úmber, todos os presentes
  que conseguiste arrebanhar em cinco dias:[136]

---

[131] Situava-se no foro de Augusto. O templo foi mandado erguer por Augusto como celebração da vitória em Filipos (42 a.C.) sobre os assassinos de César, Bruto e Cássio.

[132] Pompeio Aucto é, pois, advogado ou jurisconsulto dos mais embrenhados na actividade.

[133] V. n. a I 108, 9 e IV 8, 7.

[134] Deve tratar-se de *M. Maecius Celer*, *legatus* na Hispânia Citerior (cf. vv. 3-4), cuja protecção Marcial deseja captar por intermédio de Pompeio Aucto.

[135] V. n. a II 85, 2.

[136] Cf. IV 46, outra 'lista' de presentes miseráveis recebidos pelas Saturnais.

duas vezes seis tabuinhas tríplices[137] e sete palitos;[138]
  a estes acompanhou uma esponja, um guardanapo, um copo
e meio alqueire de favas com o cesto do Piceno
  e uma negra bilha com mosto cozido da Laletânia;[139]
e vieram ainda uns poucos figos da Síria com ameixas passas
  e um jarro cheio com o peso de figos da Líbia.[140]
Creio que, ao todo, a custo atingiriam os trinta sestércios
  estas prendas, que oito enormes sírios me trouxeram.
Com que maior comodidade e nenhum trabalho me poderia
  um escravo trazer cinco libras de prata![141]

54

Todas as manhãs me contas apenas sonhos a meu respeito,
  que o espírito me alteram e inquietam.
Já a vindima anterior chegou às borras e esta para lá vai,
  enquanto uma feiticeira me esconjura as tuas noites;
consumi bolos salgados e montanhas de incenso;
  diminuíram os rebanhos, com o frequente abate de cordeiros;
nem porcos, nem aves de capoeira, nem ovos me restam já.[142]
  Vê lá se ficas acordado, Nasidieno, ou então sonha contigo!

55

Se a ninguém, Cresto, presentes envias
e nem a mim os dás ou envias também,
mesmo assim te acharia bastante liberal.
Mas se os envias a Apício e a Lupo
a ainda a Galo e a Tício e a Césio,
não é a minha que chupas (que é honesta e pequena),
mas a que vem da requeimada Sólima,[143]
essa verga condenada há pouco a pagar imposto.[144]

---

[137] Tabuinhas usadas sobretudo para pequenos bilhetes, por exemplo recados amorosos (cf. XIV 6).
[138] Cf. XIV 22.
[139] V. n. a I 26, 9.
[140] V. n. a II 56, 1.
[141] Tanta ostentação e tanta mesquinhez!
[142] Perante tão frequentes e maus presságios, tudo foi usado em sacrifícios para espantar o mau-olhado.
[143] Jerusalém, destruída pelo fogo e completamente arrasada em 70.
[144] V. n. a IV 4, 7 e VII 35, 4. Sobre o imposto de duas dracmas (o *fiscus*

Livro VII

56

O céu e as estrelas com ânimo piedoso concebeste, Rabírio,[145]
tu que constróis o palácio de Parrásia,[146] com arte admirável.
Se Pisa[147] cuidar em oferecer a Júpiter um templo digno de
[Fídias,[148]
então que ao nosso Tonante[149] estas mãos vá pedir.

57

Do Pólux que era, Gabínia transformou Aquilas em Castor:
antes era um *pugiliste*, agora será um *chevalier*.[150]

58

Já te casaste, Gala, com seis ou sete paneleiros,
lá porque te agradava o seu cabelo e barba bem tratada.
Mas depois que lhes sentiste o nervo e o material, semelhante
ao couro empapado e que nem a mão cansada faz levantar,

Iudaicus) que os Judeus tinham de pagar e que Domiciano severamente aplicava, v. Suetónio, *Dom.* 12. 5-6 e Flávio Josefo, *Bellum Iudaicum* 7. 218. Repare-se que a ameaça que Marcial faz a este Cresto, que nada lhe dá mas oferece prendas a muitos outros, tem uma preconceituosa gradação em termos do que lhe parece abjecto: pior que a *fellatio* ao poeta é a que terá de fazer a um Judeu.

[145] O arquitecto de Domiciano. Foi ele quem desenhou e construiu o enorme e fabuloso Palácio de Domiciano, concluído em 92. Era um complexo vasto, o *Palatium*, com cerca de 40 mil km2, constituído por mais que um edifício, entre eles um palácio oficial, a *domus Flauia*, e um palácio privado, a *domus Augustana*. Veja-se que Marcial sublinha que a obra de Rabírio foi concebida como para um deus ('o céu e as estrelas') e com a *pietas* que lhe é devida (v. 1: *pia... mente*).

[146] O *Palatium* ficava no Palatino (daí o nome e, da sua grandiosidade, ficou o étimo e o conceito de 'palácio'). A colina sofreu grandes obras de terraplanagem para receber tão sublime construção. O nome 'Parrásia' vem do mítico rei Evandro, oriundo da Arcádia (v. n. a IV 11, 3), que aí habitou e fundou uma cidade.

[147] Cidade (ou região) da Élide, onde ficava Olímpia.

[148] V. n. a III 35, 1. Fídias tinha um *atelier* em Olímpia, cidade que dele recebeu algumas das suas mais belas obras.

[149] Domiciano, identificado com Júpiter (v. n. a V 55, 1).

[150] Os termos que traduzimos por 'pugilista' e 'cavaleiro' encontram-se, no original, em grego. Ocorrem ambos em Homero, *Ilíada* 3.237, onde Pólux é referido como 'hábil no pugilato' (πὺξ ἀγαθός) e Castor como 'domador de cavalos' (ἱππόδαμος). Portanto, Gabínia teria elevado um pugilista à dignidade de cavaleiro. Usamos o francês para manter a utilização de palavras estrangeiras, como no original. V. n. a I 36, 2.

desertas dos fracos tálamos e do frouxo marido
e de novo recais nos mesmos leitos de sempre.
Busca alguém que só fale de Cúrios e de Fábios,[151]
  de pêlo eriçado e grosseiro em sua tosca rusticidade:
irás achá-lo; mas também nessa turba sinistra há paneleiros.
  A dificuldade, Gala, está em casar com um homem a sério!

59

Sem Apro,[152] Tito, nunca o nosso Ceciliano janta.
  Que bonito comensal arranjou Ceciliano!

60

Da corte tarpeia senhor venerando,[153]
que, por guardares nosso chefe,[154] julgamos o Tonante,[155]
cada qual te incomoda com preces para si
e pede que lhe concedas o que vós, deuses, dar podeis.
E porque eu, Júpiter, nada te peço,
comigo não te irrites, como se orgulhoso fora.
É por César que a ti devo rogar;
e é a César que por mim devo rogar.[156]

61

Tomara conta de toda a cidade o tendeiro sem vergonha
e na porta de cada qual nenhuma porta havia.

---

[151] V. n. a I 24, 3 e VI 64, 1. O mais importante membro dos *Fabii* foi o famoso general da 2ª guerra Púnica (v. n. a IV 14, 5) que recebeu o nome de *Cunctator* justamente por, meses a fio e após os Romanos terem sofrido a pesada derrota do lago Trasimeno, ter optado por uma guerra defensiva contra Aníbal, seguindo o exército deste mas evitando um confronto directo. Mas os *Fabii* evocavam um feito colectivo bem mais honroso: em 479 a.C., na guerra contra Veios, cidade etrusca, toda a *gens* se ofereceu para, sozinhos, levarem o conflito por diante. Dos 306 homens da *familia* que realizaram o feito, só um escapou a uma emboscada: a sua missão seguinte foi perpetuar a *gens*...

[152] Apro significa, à letra, 'javali'.
[153] Júpiter, cujo Templo ficava no Capitólio, junto à rocha Tarpeia.
[154] Domiciano.
[155] V. n. a V 55, 1.
[156] Marcial mostra-se mais avisado que o comum dos mortais: quem tem mais poder de lhe dar o que ele precisa? Júpiter ou Domiciano?

Tu mandaste, Germânico,[157] aumentar os pequenos bairros
 e o que, há pouco, era uma viela, em rua se tornou.[158]
Pilar algum está agora cingido por bilhas acorrentadas,[159]
 nem o pretor se vê obrigado a andar pelo meio da lama,
nem a navalha[160] é sacada, às cegas, na densa multidão,
 nem a negra tasca se apropria de todas as vias.
Barbeiro, estalajadeiro, cozinheiro, magarefe, têm as suas casas.
 Agora, Roma existe; dantes, era apenas uma grande taberna.

62

É de porta aberta, Hamilo, que espetas meninos já grandotes,
 pois desejas ser apanhado com a mão na massa,
receoso do que digam os libertos e os servos do teu pai
 e de algum pérfido cliente com sua língua afiada.
Mas quando alguém testemunha que não é enrabado, Hamilo,
 amiúde faz o que sem testemunhas[161] anda a fazer!

63

Tu, que as obras nunca morredouras do Sílio[162] imortal
 lês e os seus carmes merecedores da toga do Lácio,[163]
irás crer que este poeta não apreciou senão os retiros
 da Piéria[164] e as grinaldas báquicas[165] da cabeleira aónia?[166]

---

[157] V. n. a II 2, 4.

[158] Domiciano legislou no sentido de que o comércio e o exercício de certas profissões deixasse de se realizar em plena rua, obstruindo a via pública e a entrada das casas (v. 2). A medida limpava as ruas, facilitava o trânsito de peões e minorava o perigo de incêndios, benefícios a que o poeta alude nos vv. seguintes.

[159] Para mão mais lesta as não roubar, obviamente.

[160] Dos barbeiros.

[161] No original, há um jogo, impossível de traduzir por completo, com a expressão *sine teste*, dado que o vocábulo *testis* tanto designa 'testemunha' como 'testículo'.

[162] V. n. a IV 14, 1.

[163] O poema *Punica*, que escolhe como tema a história romana, deixa transparecer o patriotismo de Sílio.

[164] V. n. a I 76, 3.

[165] As grinaldas de hera com que os poetas cingiam os cabelos, ditas 'báquicas' porque o tirso, atributo de Dioniso / Baco, estava coroado por folhas de hera.

[166] A Aónia é a Beócia, pátria das Musas, onde ficava o Hélicon.

Ele não ousou tocar a arte sagrada do coturno[167] de Marão,
   antes de se haver saciado com a obra do grande Cícero:[168]
a ele o admira ainda a ponderada lança dos centúnviros,[169]
   dele falam, com gratas palavras, muitos clientes.
Depois de haver governado, com os doze feixes,[170] o grande
   ano, que se tornou sagrado para a liberdade no mundo,[171]
dedicou às Musas e a Febo os anos de reforma
   e, em lugar do seu foro, celebra agora o Hélicon.[172]

64

Tu, que já foste um barbeiro bem conhecido em toda a cidade,
   e, em seguida, te fizeste cavaleiro graças à tua patroa,[173]
as cidades da Sicânia e os reinos do Etna[174] demandaste,
   Cínamo, para escapares aos rigores judiciais do foro.[175]
Com que artes irás tu, inútil, tolerar o peso dos anos?
   Que há-de fazer o descanso infeliz e fugitivo?
Nem orador, nem gramático ou mestre-escola,
   nem filósofo cínico ou estóico tu podes ser,
nem vender aclamações e aplausos aos teatros[176] da Sicília:
   só te resta, Cínamo, voltares a ser barbeiro!

---

[167] Embora seja o símbolo da tragédia, o coturno alude aqui à grandiosa majestade da *Eneida*.

[168] Ou seja: só se dedicou à épica, na esteira de Vergílio, depois de ser grande orador, como Cícero.

[169] Sílio pertenceu ao corpo dos centúnviros, tribunal que se ocupava especialmente de casos de heranças e propriedades. Uma lança cravada no chão era o sinal distintivo deste tribunal.

[170] Os *fasces* que os lictores transportavam no ombro esquerdo, como símbolo do poder dos magistrados à frente de quem caminhavam, para os anunciar e lhes abrir caminho. O número de lictores atribuídos à dignidade de um cônsul era de doze.

[171] Sílio foi cônsul em 68, ano em que Nero morreu.

[172] V. n. a I 76, 9.

[173] Que lhe deu a *manumissio*, isto é, o libertou, e depois lhe proporcionou os 400 mil sestércios necessários para que, no censo, se pudesse integrar no *ordo equester*, isto é, pertencer à segunda ordem do Estado, a dos cavaleiros.

[174] A Sicília. V. n. a II 46, 1.

[175] Tinha a justiça à perna.

[176] Nos espectáculos, particularmente no teatro, havia claques contratadas para aplaudir as 'companhias' que lhes pagavam e vaiar as adversárias (Plauto, *Amph.* 66). Nero criou um corpo de 5 mil apoiantes, denominados *Augustiani*,

Livro VII

65

Enquanto contas os frios de duas vezes dez invernos,
   um processo te desgasta, Gargiliano, em três tribunais.
Ah, louco miserável! Há-de litigar vinte anos
   quem está a ponto, Gargiliano, de ser vencido?

66

Fábio fez de Labieno seu herdeiro universal:
   Labieno, porém, diz que merecia mais.

67

Enraba uns miúdos a lambedora Filénis
e, em coceira mais voraz que a de seu marido,
desbasta onze miúdas num só dia.
Cingida, joga também à bola e fica
amarela com o pó e faz girar, com braço ágil,
os halteres muito pesados para os efeminados
e, coberta de poeira da palestra, aos rudes
golpes se entrega do massagista untado.[177]
Não janta primeiro nem se reclina à mesa
antes de ter vomitado sete copos de vinho puro,[178]
quantidade que ela se julga capaz de repetir,
depois de haver comido dezasseis croquetes.
E quando, no fim de tudo disto, ao prazer se entrega,
não se põe a chupar – julga isso pouco viril –,
antes devora miúdas mesmo a meio.
Que os deuses te dêem uma cabeça à medida, Filénis,
tu que pensas ser viril lamber uma cona!

---

constituído por filhos de cavaleiros e jovens plebeus escolhidos entre os mais robustos. Divididos em facções, a cada uma competia um modo de aplaudir. Todos usavam o cabelo comprido e vestes sumptuosas. Os chefes da claque recebiam a quantia de 400 mil sestércios. Cf. Suetónio, *Nero* 20.5; 25.1.

[177] V. n. a VII 32, 10. Mas aqui é pior: nada do comportamento de Filénis é digno de uma mulher.

[178] Em rigor: sete vezes onze cíatos (v. n. a III 82, 29) de vinho sem ser cortado (v. n. a II 1, 10; V 4, 3).

68

Deixa, por favor, Istâncio Rufo,[179] de recomendar as minhas
  camenas[180] ao teu sogro: se calhar, ele é dado ao sério.
Mas se até ele admitir estes livrinhos libertinos,
  também a Cúrio[181] e a Fabrício[182] os hei-de ler.

69

Esta é Teófila, a tua ilustre prometida, Cânio,[183]
  cujo espírito no talento de Cécrops[184] embebido está.
Com justiça a reclamaria o jardim ático do velho sábio[185]
  e não menos a desejaria para si a turba estóica.
Há-de viver a obra que submeteres ao seu ouvido,
  tão pouco feminino e vulgar é o seu gosto.
Não vá, em demasia, sobre ela jactar-se a tua Panténis,[186]
  ainda que esta seja bem familiar ao coro da Piéria.[187]
A apaixonada Safo[188] louvava a sua arte de moldar os carmes:
  esta é mais casta,[189] mas a outra não foi mais ilustrada.

70

Lambedora das próprias lambedoras, Filénis,
  é com justiça que chamas amiga[190] a quem fodes.

---

[179] Protector e amigo de Marcial que, anos depois da publicação deste livro, foi procônsul na Bética (cf. XII 98, 5 ss.).

[180] V. n. a II 6, 16.

[181] V. n. a I 24, 3.

[182] Herói romano do séc. III a.C., distinguiu-se na guerra contra Pirro. Era recordado como exemplo das antigas virtudes e pela sua incorruptibilidade. Morreu sem qualquer fortuna: o dote de suas filhas teve de ser garantido pelo senado.

[183] Cânio Rufo (v. n. a I 61, 9).

[184] V. n. a I 25, 3.

[185] Os jardins de Epicuro, onde o filósofo ensinava. Outros entendem referir-se aos jardins da Academia de Platão.

[186] Panténis era uma das alunas e companheiras de Safo. O possessivo 'tua' indicará que Cânio escreveu sobre o círculo de Lesbos.

[187] V. n. a I 76, 3.

[188] A famosa poetisa grega do séc. VII a.C., cuja belíssima poesia lírica lhe valeu ser considerada, na Antiguidade, como a 10ª Musa.

[189] Alusão ao juízo feito sobre as relações que uniam Safo às jovens que a rodeavam, donde deriva a designação 'lesbianismo'.

[190] *Amica* é forma de tratamento da amada.

Livro VII

71
É batatuda[191] a mulher, batatudo é o próprio marido,
  é batatuda a filha e o genro e também o neto,
e nem o administrador, nem o caseiro, nem o duro
  cavador, nem o caseiro, do reles inchaço se livram.
Se batatudos são tanto os novos como os velhos,
  é de espantar que só a quinta batatas não produza!

72
Grato para ti seja, Paulo, o mês de Dezembro
e nem vãs tabuinhas tríplices, nem curtos guardanapos,
nem leves meias-libras de incenso te cheguem,[192]
mas sim travessas e copos dos avós te ofereça
algum réu importante ou amigo poderoso:
ou então – algo que mais te agrada e cativa –
a Nóvio e a Públio possas tu vencer,
ao encurralá-los com os peões e o ladrão de cristal.[193]
Que o juízo favorável dos circunstantes ungidos
te conceda a vitória na péla desnuda[194]
e não louve mais a esquerda[195] de Políbio.
Mas se algum maldoso disser que são meus
os versos em negro veneno embebidos,
concede-me a tua voz de patrono[196]
e com todas as forças e sem parar grita:
«Não ia o meu Marcial escrever coisas dessas!»

---

[191] *Ficus*, no original; Marcial joga com o sentido de 'figo' e de 'hemorróide' ou 'inchaço'.

[192] Marcial deseja que, pelas Saturnais (v. n. a II 85, 2), não aconteça a Paulo o que lhe aconteceu a ele, segundo o relato de VII 53.

[193] Espécie de jogo de xadrez com suas peças.

[194] V. n. a IV 19, 7.

[195] Habilidade do jogo da péla muito admirado. Cf. XIV 46. Este Políbio é para nós desconhecido.

[196] Era dever dos patronos defender os clientes em tribunal (v. n. a II 18, 6). Marcial invoca esse seu direito para a eventualidade de ser acusado de difamação. V. n. a VII 12, 9.

73

Nas Esquílias[197] tens uma casa, uma casa tens na colina de Diana[198]
e a rua dos Patrícios[199] um telhado teu alberga;
dum lado os templos da viúva Cíbele,[200] doutro os de Vesta[201]
contemplas, de lá o novo e de lá também o Júpiter antigo.[202]
Diz-me onde poderei encontrar-te, diz-me onde te hei-de buscar:
quem por toda a parte habita, Máximo, em parte alguma habita.

74

Glória da Cilene e do céu, eloquente mensageiro,
cuja áurea vergôntea com retorcida serpente viceja:[203]
não te acabe a abundância de lascivos amores,
quer desejes a Páfia[204] quer com Ganimedes[205] te inflames;
que os Idos de tua mãe[206] se ornem de sagrados ramos
e que seja pequeno o peso que a teu velho avô[207] oprime:

---

[197] V. n. a V 22, 2.

[198] O Aventino, onde havia um templo consagrado a Diana.

[199] No sopé do Esquilino.

[200] O templo de Cíbele, dita 'viúva' porque perdeu Átis (v. n. a II 86, 5 e V 41, 2).

[201] No *Forum* Romano.

[202] O 'novo' templo de Júpiter pode referir-se quer ao que Domiciano reconstruiu grandiosamente, quer ao *sacellum* de devoção pessoal que fez erguer na mesma colina, o Capitólio (v. n. a VI 4, 3 e VI 10, 2). Quanto ao 'antigo', no Quirinal, v. n. a V 22, 4.

[203] Mercúrio (o Hermes grego), mensageiro dos deuses, nascido no monte Cilene, na Arcádia. Usava o caduceu, símbolo das suas funções de arauto divino, que lhe fora dado por Apolo em troca da flauta de Pã, instrumento musical que Hermes inventara.

[204] Vénus. Pafos era uma cidade de Chipre, ilha onde, pouco depois de ter nascido das águas, a deusa foi conduzida pelos Zéfiros. Aí fez a sua *toilette* divina, antes de ser levada para junto dos outros deuses. Em Pafos havia um santuário e um culto particular a Afrodite / Vénus.

[205] V. n. a I 6, 1. Neste contexto, Vénus e Ganimedes representam os amores heterossexuais e homossexuais. Hermes / Mercúrio teve, de facto, muitas 'aventuras', além de ser o companheiro e cúmplice de Zeus / Júpiter em várias das suas investidas amorosas (por ex. quando quis conquistar a mulher de Anfitrião, Alcmena, que dele concebeu Héracles / Hércules).

[206] Mercúrio era filho de Júpiter e Maia, ninfa do monte Cilene, cuja festa se celebrava nos Idos (dia 15) do mês que lhe estava consagrado, Maio.

[207] Maia era filha de Atlas, que fora condenado a carregar aos ombros a abóbada celeste por ter participado na luta que os Gigantes empreenderam contra os deuses olímpicos (Gigantomaquia).

Livro VII

que, com seu esposo Carpo, sempre a jovial Norbana celebre
este dia, em que os seus leitos primeiro se juntaram.[208]
E ele, qual pio sacerdote, à sabedoria os seus dons ministre,
ele mesmo, com incenso, te invoque e fiel a Júpiter[209] seja.

75

Queres que te fodam à borla, embora sejas feia e velha.
É o cúmulo do ridículo: queres dar-te e dar não queres.

76

Lá porque te disputam os mais ricos,
por convívios, pórticos, teatros,
e, quando te encontram, contigo
passear lhes agrade e lhes agrade banhar-se,
não te sintas assim tão lisonjeado:
tu despertas o riso, Filomuso, não o amor.

77

Exiges que te ofereça, Tuca, os meus livritos.
Não o farei, já que os queres é vender e não ler.

78

Enquanto um rabo de lagarto saxetano[210] é o que te servem
e, se é jantar melhorado, te acrescentam uma dose de favas,
tu ofereces tetas de porca, javali, lebre, cogumelos, ostras,
ruivos: não tens senso, Pápilo, nem juízo!

79

Bebi, ainda agora, um vinho consular.[211]

---

[208] Marcial celebra o aniversário de casamento de Carpo e Norbana. A avaliar pelos vv. 7-10, Carpo poderia pertencer à confraria dos *Flauiales Titiales*, criada expressamente para o culto de Vespasiano e Tito, *diui* após a morte, e de Domiciano, deus autoproclamado em vida.

[209] Domiciano, plenamente identificado com o pai dos deuses.

[210] Saxetano, localidade da Bética (hoje Almuñécar, na Andaluzia), famosa pelas conservas de peixe.

[211] Nos recipientes onde se 'engarrafava' o vinho escrevia-se o nome dos cônsules do ano da colheita. Daí a eventual pergunta do interlocutor (v. 2): pelos cônsules se saberia se o vinho era velho ou não, uma vez que eram eles que datavam os anos.

Queres saber se era velho e generoso?
Foi engarrafado por um cônsul, dos antigos:
mas quem o servia, Severo, era um cônsul também.

80
Pois que a paz romana as constelações odrísias[212]
  acalmou e se calaram as odiosas tubas,
poderias, Faustino,[213] este livrinho a Marcelino[214]
  enviar: já tempo lhe sobra para versos e folias.
Porém, se estes parcos presentitos quiseres ao teu amigo
  recomendar, que leve os nossos carmes um servo:
não daqueles saciados em leite da novilha dos Getas,
  que brincam no ribeiro gelado com um arco dos Sármatas,[215]
mas antes um róseo efebo dos negociantes de Mitilene
  ou então um Lacónio que a mãe não mandou ainda açoitar.[216]
Tu, porém, irás receber um escravo do Istro[217] dominado,
  que apascentar as tuas ovelhas de Tíbur possa.

81
«Há trinta epigramas, em todo o livro, que são maus!»
Se outros tantos forem bons, Lauso, bom é o livro.

82
É tamanha a fíbula que o pénis de Menófilo cobre,
que ela só bastaria para todos os comediantes.[218]

---

[212] V. n. a VII 8, 2.

[213] V. n. a I 25, 1.

[214] Cf. III 6 e VI 25. A carreira militar deste jovem continua a ser acompanhada por Marcial: Marcelino está agora na Trácia, recentemente controlada por Roma, e o poeta envia-lhe o seu livro, pois sabe que o poderá enfim apreciar.

[215] Desses efebos rudes e bárbaros terá Marcelino abundância. Por isso, Marcial deseja que o portador do seu livro seja um escravinho grego, delicado e culto (vv. 9-10).

[216] A educação espartana era, como se sabe, duríssima. O facto de o jovem não ter ainda sido açoitado significa que seria tão novinho que ainda não o consideravam capaz de suportar tal castigo.

[217] O Danúbio. Em troca, Marcelino enviará um dos tais cativos bárbaros, robusto e bom para apascentar ovelhas na propriedade de Faustino em Tíbur (cf. IV 57, 3).

[218] A *fíbula* era uma espécie de cinto de castidade, usado por atletas, actores e cantores para se afastarem das tentações carnais, que lhes diminuiriam o vigor

Livro VII

Eu pensava – já que amiúde nos lavamos em conjunto –
que a sua preocupação, Flaco, era poupar a voz.
Mas quando jogava, no meio da palestra e com todos a ver,
escorregou a fíbula ao infeliz: era circuncidado.[219]

83

Enquanto o barbeiro Eutrápelo dá a volta à cara de Luperco
e lhe rapa as bochechas, outra barba lhe cresce.[220]

84

Enquanto o meu retrato para Cecílio Segundo[221] ganha forma
e a tabuinha pintada respira pela habilidade da mão,
vai ter, livro, com a gética Peuce e com o Istro prostrado:[222]
estas paragens ele as domina, com suas gentes submetidas.
Ao meu caro amigo darás presentes modestos, mas agradáveis:
terá mais nitidez o meu rosto em meus versos;
nem os lances do acaso nem o curso dos anos o destruirão:
viverá, mesmo quando tiver perecido a obra de Apeles.[223]

---

ou alterariam a voz. Mas Marcial insinua amiúde que tal adereço tinha muito mais a função de publicitar as eventuais dimensões generosas dos órgãos sexuais. Cf. XI 75, 1-3; XIV 215.

[219] Neste caso, Menófilo tem uma razão suplementar para usar a fíbula. Ele quer esconder que é Judeu e, com isso, sem dúvida eximir-se ao pagamento do imposto a que estava obrigado (v. n. a VII 35, 4 e VII 55, 8). No entanto, os vv. 1-2 insistem na ideia de que a circuncisão proporcionava aos Judeus órgãos sexuais descomunais.

[220] A brincadeira assenta em dois vectores, ambos jogando com os nomes: por um lado há um Luperco (< *lupus*, 'lobo'; sobre os *Luperci*, v. n. a IV 28, 8) a quem nascem pêlos que nem matagal; por outro, um barbeiro que não dá conta do recado em tempo útil, de lento que é, ele cujo nome, em grego (εὐτράπελος), significa 'ágil, ligeiro'. Bocage glosou este poema (*Epigr.* 86): "Barbeiro demorador, / não me pilhas outra vez, / mal haja o pai que te fez, / devera ser malfeitor. // Com a barba em sangue, em fogo, / tanto tempo aqui sentado, / que outra nova tem brotado, / mal que a rapas cresce logo."

[221] Amigo do poeta, ausente em paragens longínquas da *Germania* recentemente pacificada por Domiciano, onde detinha um não definido poder governativo (v.4). Não parece admissível a hipótese posta por alguns de que se trate de Plínio-o-Moço (*C. Plinius Caecilius Secundus*), dado que não há nenhuma notícia de que este tenha desempenhado quaisquer funções nessa região, e o seu *cursus honorum* é bem conhecido e documentado. V. n. a V 80, 7.

[222] V. n. a VII 7, 2.

[223] Célebre pintor grego do séc. IV a.C., aquele que Alexandre Magno preferia entre todos e o único autorizado a pintá-lo em famosos quadros, autor de uma

85

Lá porque escreves umas quadras não sem gosto
  e compões, Sabelo, alguns dísticos jeitosos,
aplaudo, sem admirar: escrever uns epigramas jeitosos
  é fácil; difícil é escrever um livro inteiro deles!

86

Convidavas-me para a tua festa de anos
  quando ainda não era, Sexto, teu amigo.
Que se passou, diz-me, que se passou de repente,
  após tantas prendas que trocámos, após tantos anos,
para me desprezares, a mim, teu velho camarada?
  Conheço bem a causa: não te chegou, da minha parte,
nem uma libra de prata hispânica purgada,
  nem uma toga ligeira nem ásperas lacernas.[224]
Não há espórtula, quando usada para fazer negócio;
  tu alimentas os presentes, Sexto, não os amigos.
Logo me dirás: «Vou açoitar o escravo dos convites.»[225]

87

Se o meu Flaco se alegra com um lince de orelhas espetadas,
  se Cânio se delicia com um sombrio etíope,
se Públio se inflama de amores por uma pequena cadela,
  se Crónio ama um macaco parecido com ele,
se a Mário deleita um pernicioso[226] rato do Egipto,
  se uma pega saudante a ti, Lauso, agrada,
se no pescoço enrola Gadila[227] uma gélida serpente,
  se ao rouxinol Telesila um túmulo dedicou:
porque não amará o rosto meigo de Labirta, belo como Cupido,
  quem estes monstros vê agradar aos seus senhores?[228]

---

belíssima 'Afrodite Anadiómene', 'Afrodite surgindo das águas' que o imperador Augusto comprou por elevada quantia e trouxe para Roma, colocando-o no santuário erigido em memória de César.

[224] V. n. a II 43, 7.

[225] Será essa a saída encontrada pelo amigo para disfarçar os verdadeiros motivos do seu desamor: atirar a culpa para cima do escravo encarregado de fazer os convites.

[226] Por comer os ovos do crocodilo.

[227] Lição insegura.

[228] Este epigrama documenta uma moda divulgada em Roma: ter como bichos

Livro VII

88

Diz-se – se é válido o boato – que a bela Viena[229]
conta os meus livrinhos entre as suas delícias.
Lá, toda a gente me lê: o velho e o jovem e o menino
e a casta esposa, sob o olhar do austero marido.
Isto eu preferiria a que cantassem os meus carmes
  os que bebem do Nilo à boca da própria nascente,
a que o meu Tago me enchesse com ouro da Hispânia,[230]
  a que o Hibla, a que o Himeto[231] as minhas abelhas pascessem.
Já não sou um zé-ninguém nem o favor de uma língua lisonjeira
  me engana: penso, Lauso,[232] que vou passar a crer em ti.

89

Vai, rosa feliz, e com delicadas grinaldas
cinge os cabelos de meu amigo Apolinar.[233]
Mas quando já forem brancos, lembra-te
de os adornar, e assim te ame sempre Vénus.

90

Atira-me à cara Matão que eu fiz um livrinho desigual:
  se for verdade, os meus carmes anda Matão a louvar.
Iguais são os livros que escrevem Calvino e Umbro:[234]
  é igual o livro, Crético, que fraco é.

91

Da minha quintita,[235] facundo Juvenal,[236]
  te envio, pelas Saturnais, estas nozes.[237] Ei-las.

---

de estimação os animais mais exóticos que pudessem adquirir-se. Marcial, porém, prefere outros amores, mais humanos, tenros e belos.

[229] Hoje Vienne, era a capital dos Alóbroges, junto ao Ródano, na Gália Narbonense.

[230] V. n. a I 49, 15.

[231] Montanha da Ática. O mel aí produzido era célebre (cf. XIII 104 e 105) como o do Hibla (v. n. a II 46, 1).

[232] Decerto o 'crítico' de VII 81.

[233] V. n. a IV 86, 3.

[234] Desconhecidos.

[235] Em Nomento. V. n. a VI 43, 3.

[236] V. n. a VII 24, 1.

[237] V. n. a II 85, 2 e V 30, 8.

A restante fruta deu-a a lascivas donzelas
a luxuriosa verga do deus guardião.[238]

92

«Se precisares de alguma coisa, sabes que nem tens de me pedir.»
Uma, duas e três vezes ao dia, Bácara, mo dizes.
Com voz ríspida me chama o importuno Secundo:[239]
ouves e não sabes, Bácara, do que preciso.
Pedem-me a renda na tua presença, às claras e em público:
ouves e não sabes, Bácara, do que preciso.
Queixo-me de que a lacerna[240] é gélida e puída:
ouves e não sabes, Bácara, do que preciso.
Eu preciso é que de repente (obra do fado) tu fiques emudecido,
para não poderes dizer, Bácara: «Se precisares de alguma coisa...»

93

Nárnia,[241] que uma ribeira branca de sulfurosas águas
circunda, que um duplo monte a custo deixa alcançar,
por que razão amiúde te compraz o meu Quinto[242]
arrebatar e por tão longas demoras reter?
Porque me fazes perder a causa do meu campito de Nomento,
cuja proximidade o tornava precioso?
Mas perdoa-me, Nárnia, e não queiras abusar de Quinto:
assim possas de tua ponte[243] eternamente usufruir.

94

Ainda agora era um perfume o que guardava o pequeno ónix.
Depois de Pápilo o cheirar, não é que garo[244] passou a ser!

95

É inverno e o arrepiante Dezembro está hirto de frio,
mas tu ousas, com ósculo de neve,

---

[238] Priapo. V. n. a I 35, 15.
[239] A quem sem dúvida devia dinheiro.
[240] V. n. a II 43, 7.
[241] Cidade da Úmbria, onde nasceu o imperador Nerva.
[242] Com certeza Quinto Ovídio (v. n. a I 105, 1).
[243] Construída por Augusto.
[244] Cf. VI 36. V. n. a III 77, 6.

Livro VII

a todos reter, venham daqui ou dali,
e andas a beijar, Lino, Roma inteira!
Que poderias tu de mais grave e mais cruel
fazer, se te batessem e te açoitassem?
Com este frio, nem a minha esposa me beija,
nem a minha terna filha, de lábios maviosos.
Mas tu és mais doce e mais elegante,
com essas narinas de cão, de onde um lívido
pedaço de gelo pende, e essa barba hirta,
semelhante à que o barbeiro Cílix ceifa,
de tesoura empinada, a um macho do Cínife.[245]
Antes quero enfrentar cem lambe-conas
e receio menos um sacerdote de Cíbele recém-castrado.[246]
Portanto, se tens ainda juízo e vergonha,
eu te suplico, Lino, que estes beijos invernais
os deixes para o mês de Abril.

96

Aqui estou eu sepultado, o pequeno Úrbico, paixão de Basso,
   a quem a poderosa Roma concedeu raça e nome.
Seis meses me faltavam para cumprir os primeiros três anos,
   quando as cruéis deusas romperam, injustas, o fio da minha
         [vida.[247]
De que me aproveitou a beleza e a língua e a idade?
   Tu que lês estas palavras, derrama lágrimas sobre o meu túmulo:
em troca, antes de os anos de Nestor[248] superar, as águas do
         [Letes[249]
   não transporá quem tu desejares que te sobreviva.[250]

---

[245] Rio a leste de Léptis Magna. Designa aqui toda essa região do norte de África, famosa pelo gado caprino.
[246] V. n. a II 45, 2 e III 47, 4.
[247] As Parcas. V. n. a I 88, 9.
[248] V. n. a II 64, 3.
[249] V. n. a VII 47, 4.
[250] Todo o epigrama assume a forma de epitáfio, composto para um menino de dois anos e meio, decerto o filho de Basso.

97

Se tu conheces bem, livrinho, a Césio
Sabino, glória da montanhosa Úmbria,
compatriota do meu querido Aulo Pudente,[251]
irás fazer-lhe esta oferta, por ocupado que esteja.
Ainda que mil cuidados o persigam e oprimam,
algum vagar para os meus versos restará.
Pois ele gosta de mim e é logo a seguir
aos nobres livros de Turno[252] que ele me lê.
Oh, quanta fama te está reservada!
que glória a tua! que coro de admiradores!
Por banquetes, pelo foro, o teu nome soará,
pelas casas, encruzilhadas, pórticos e lojas.
A um só és enviado, mas por todos serás lido.

98

Tudo, Castor, tu compras: daí resultará que tudo hás-de vender.

99

Possas tu sempre ver, Crispino,[253] calmo o nosso Tonante[254]
  e que menos que a tua Mênfis Roma te não ame:
se os meus versos forem lidos no palácio de Parrásia[255]
  – pois eles costumam fruir do sacro ouvido de César –,

---

[251] V. n. a I 31, 3.
[252] Turno era um poeta satírico, liberto e protegido de Domiciano (cf. XI 10).
[253] Liberto que Domiciano fizera ascender à dignidade de cavaleiro e tinha grande influência na corte imperial. Juvenal não poupou este oportunista: revela que veio do Egipto (cf. v. 2) para a capital vender peixe no tempo de Nero, denuncia que aí se entregou aos negócios mais escuros e aos crimes mais infandos, como o incesto com uma Vestal, e acaba por afirmar que, perante tal figurão, lhe era difícil não se dedicar ao género satírico. A ser verdade tudo isso, Marcial ignora qualquer preconceito e aproveita apenas a hipótese de que o favor gozado por Crispino junto do *princeps* lhe venha a ser útil. Cf. VIII 48.
[254] V. n. a VII 56, 4.
[255] V. n. a VII 56, 2.

ousa, leitor sincero, dizer sobre mim umas palavras:
«Este poeta dá um certo brilho à tua época
e não é muito inferior a Marso ou ao douto Catulo.»[256]
Isto é quanto basta: o resto confio ao próprio deus.[257]

---

[256] V. n. 2 a I *praef.*

[257] Não é de forma alguma por acaso que este livro termina com o substantivo *deus* aplicado a Domiciano, nem com a submissão de tudo o que respeita a Marcial ao arbítrio do senhor do mundo. No livro seguinte, o poeta voltará a ousar a dedicatória ao *princeps*.

EPIGRAMAS
LIVRO VIII

LIVRO VIII

Ao imperador Domiciano César Augusto Germânico Dácico, Valério Marcial apresenta as suas saudações[1]

Todos os meus livrinhos, Senhor, aos quais tu deste a fama, isto é a vida, estão sob a tua protecção; e, cuido, exactamente por isso, serão lidos. Este, contudo, o oitavo da minha obra, beneficia mais vezes do ensejo de te testemunhar a sua devoção. Menos teve assim o engenho de trabalhar: em seu lugar o substituiu a matéria. Procurei, no entanto, dar-lhe variedade com a mistura esporádica de uns quantos gracejos, não fosse cada verso sobrecarregar de elogios a tua sublime modéstia – o que mais facilmente te poderia enfadar do que me causar satisfação. Embora homens bem austeros e de nobre condição tenham escrito de tal modo os seus epigramas que mais parecem competir com a licença do discurso mímico,[2] eu, contudo, não permiti aos meus que se exprimissem com a costumada lascívia. Como uma parte do livro – não só a maior, mas também a melhor – está ligada à majestade do teu sacro nome, importa que se lembre que não deve aceder aos templos senão quem se purificou por meio de religiosa lustração. Para que os meus futuros leitores fiquem cientes de que pretendo observar este princípio, logo no início deste livrinho achei por bem declará-lo em brevíssimo epigrama.

---

[1] Marcial dedica este novo livro ao imperador, começando com uma epístola formal que, além de um exercício de *captatio beneuolentiae*, é também uma declaração de intenções. A encabeçá-la, a oportunidade de concentrar os títulos, civis e militares, de Domiciano, nomeadamente o mais recente, *Dacicus*.

[2] V. n. a II 7, 3 e n. 5 a I *praef.*

1

Livro, que estás prestes a entrar na laurígera morada de nosso
[Senhor,[3]
aprende a falar com mais tento e respeito na língua.
Afasta-te, Vénus, com a tua nudez: não é teu este livrinho.
Assiste-me tu, Palas, protectora de César,[4] e só tu.

2

O criador e pai dos nossos fastos, Jano,[5]
ao avistar, há pouco, o conquistador do Istro,[6]
as suas muitas caras suficientes não cuidou
e desejou possuir olhos mais numerosos.[7]
E depois de falar, de igual modo, com todas as suas línguas,
prometeu, ao senhor das terras e ao deus
do mundo,[8] quatro vezes a idade do velho de Pilos.[9]
Acrescenta-lhe, pai Jano, a tua: é o nosso voto.

---

[3] O Palácio do imperador, ornamentado com os louros das suas inúmeras vitórias, a mais recente das quais sobre os Sármatas.

[4] Minerva, a deusa a quem Domiciano prestava culto especial. Em sua honra estabeleceu os Jogos Albanos (v. n. a IV 1, 5 e V 1, 1), consagrou-lhe vários templos, deu o nome de *I Mineruia* a uma legião que criou, cunhou moedas em que a representava associada aos seus feitos e vitórias. Por oposição a Vénus, deusa do amor (e, na sua nudez, símbolo da habitual licença dos epigramas de Marcial), representa a decência e a contenção; Minerva, assimilada à Atena grega, é a deusa virgem que personifica a sabedoria.

[5] Deus das portas e das passagens, representado com duas faces viradas para direcções opostas. Dava o nome ao mês de Janeiro e, por isso, associa-se aos fastos. Os *fasti consulares* eram uma lista dos cônsules eleitos para cada ano e funcionavam como ponto de referência para a datação, já que os cônsules entravam em funções no dia 1 de Janeiro.

[6] Domiciano, vencedor dos Sármatas, povo que habitava junto ao Danúbio (Istro).

[7] O templo de Jano, no *Forum*, tinha duas portas, uma para leste, outra para oeste. Essas portas só se fechavam em tempo de paz, o que acontecia raramente. Augusto orgulhava-se de o ter feito três vezes durante o seu principado. Ora, Domiciano construiu no *Forum Transitorium* (v. n. a I 2, 8) um templo a Jano Quadrifronte, com quatro portas abrindo para cada um dos foros (Romano, de Júlio, de Augusto, Transitório). É a essa prova de *pietas* imperial que Marcial alude, manifestando a natural expectativa de que Jano se mostre devidamente agradecido e dê a Domiciano a presença eterna na terra.

[8] Novo título que Marcial cria ao serviço da adulação: *terrarum dominus deusque rerum*, espécie de desenvolvimento do obrigatório *dominus et deus* (v. n. a V 8, 1).

[9] Nestor. V. n. a II 64, 3.

Livro VIII

3

«Cinco tinham sido bastantes: agora seis ou sete livrinhos
são de mais. Que prazer te dão ainda, Musa, estes brinquedos?
Tem lá vergonha e faz ponto final. Já nada mais me pode
a fama acrescentar: por toda a parte se folheia o meu livro;
e quando das pedras de Messala,[10] por incúria, só restarem pedaços
e quando os altos mármores de Lícino[11] forem pó,
eu ainda andarei nas bocas dos leitores e muito estrangeiro
para a sua pátria de origem os meus poemas consigo levará.»
Mal tinha acabado, quando assim respondeu a nona das irmãs,[12]
que tinha o cabelo e a veste untados de perfume:
«Como podes tu, ingrato, abandonar as doces bagatelas?
Diz–me cá: com a tua preguiça, que é que de melhor farás?
Acaso te apraz trocar o soco pelos trágicos coturnos[13]
ou reboar, em verso de iguais pés,[14] o horror das guerras,
para seres ditado, com voz rouca, por um inchado professor
e odiado por moças já grandotas e prendados rapazinhos?[15]
Cultivem esses géneros os ultra-austeros e ultra-severos,
que a lucerna vê, a meio da noite, frustrados.[16]
Mas tu tempera, com o romano sal, os teus graciosos livrinhos;
onde a vida, ao ler os seus costumes, neles se reconheça.
E pouco importa que pareças cantar ao som de uma pequena
[flauta,
desde que a tua flauta vença as tubas[17] de muitos.»

---

[10] O túmulo de Messala, um dos maiores generais e amigos de Augusto (embora primeiramente tenha alinhado pelos republicanos), distinto orador, patrono de poetas como Tibulo. Há quem pense que 'as pedras de Messala' se referem à via Latina, que ele restaurou a expensas suas.

[11] Prisioneiro gaulês, César deu-lhe a liberdade e o favor, que Augusto acrescentou, chegando a nomeá-lo governador da Gália onde acumulou grandes riquezas. O seu túmulo na Via Salária era célebre pela sumptuosidade.

[12] Talia. V. n. a III 68, 6.

[13] Deixar a comédia e dedicar-se à tragédia. V. n. a III 20, 9.

[14] O hexâmetro dactílico, o verso da epopeia.

[15] Supostamente o que acontecia ao texto da *Eneida*, o poema épico base dos 'programas' escolares da época, destino semelhante ao d' *Os Lusíadas* dissecados em orações. V. n. a I 35, 2 e V 56, 5.

[16] Aqueles que se entregavam à penosa *elucubratio*, o trabalho noite fora à luz da *lucerna* (v. n. a III 93, 14). Ambos os vocábulos têm a raiz *luc-* (> *lux, lucis*, 'luz).

[17] A grandiosidade da tuba representa a poesia épica. No tempo dos Flávios

4

Como é grande – viva! – esta assembleia universal que, junto
                              [aos altares do Lácio,
formula e cumpre os votos pelo seu senhor![18]
Estas alegrias não são, Germânico, apenas dos homens:
agora, são os próprios deuses, segundo creio, que oferecem
                                           [sacrifícios.

5

À força de dares, Macro, anéis às raparigas,
deixaste, Macro, de dispor de anéis.[19]

6

Nada mais odioso que as antigualhas do velho Eucto:
  as taças moldadas em argila saguntina[20] eu as prefiro.
Quando descreve a origem mirabolante das suas pratas,
  o tagarela, com a conversa, até azeda o vinho:
«À mesa de Laomedonte já pertenceram estas taças:
  para as ganhar, as muralhas erigiu Apolo com sua lira.[21]
Por esta taça, travou combates o cruel Reco[22]
  contra os Lápitas:[23] vês as mazelas de guerra da peça?

---

houve três grandes nomes que compuseram épicas: Sílio Itálico (v. n. a IV 14, 1 e VII 63); Valério Flaco (escreveu uma *Argonáutica*) e Estácio (autor de uma *Tebaida* e de uma *Aquileida* inacabada).

[18] No princípio de Janeiro de 93, estava Domiciano para voltar à pátria após a campanha contra os Sármatas, celebrou-se uma *uotorum nuncupatio* que Marcial aqui evoca, mostrando todo o povo romano reunido em torno das aras na formulação de votos para o rápido regresso do bem amado *princeps*.

[19] Ficará sem fortuna suficiente para ser cavaleiro (v. n. a I 103, 2) e poder usar o anel de ouro símbolo de tal dignidade.

[20] V. n. a IV 46, 15.

[21] Laomedonte era rei de Tróia e teve a ajudá-lo, na construção das muralhas da cidade, dois deuses: Apolo e Posídon, que Zeus punira obrigando-os a servir um mortal porque contra ele se tinham revoltado. Mas, quando os deuses terminaram a tarefa, Laomedonte recusou-se a pagar-lhes, o que lhe trouxe obviamente muitos dissabores.

[22] Outros editores, como IZAAC (1930: 5) e NORCIO (1980: 498-9), julgam tratar-se de outro centauro: Reto (*Rhoetus*). Sigo BAILEY (1990: 248), que, por sua vez, se deve ter baseado na versão mitológica de Apolodoro.

[23] Os Centauros, seres metade homens, metade cavalos, foram convidados para o casamento de Pirítoo, por serem seus parentes. Pirítoo pertencia aos Lápitas, povo da Tessália, e tinha consigo o seu inseparável amigo Teseu. Na boda, os

Livro VIII

Estes dois vasos devem a fama ao longevo Nestor:
a pomba brilha, porque polida pelo polegar do rei de Pilos.[24]
Este é o copo em que o Eácida[25] ordenou que misturassem,
para os amigos, o mais abundante e ardente vinho.
Nesta pátera bebeu à saúde de Bícias a belíssima
Dido,[26] quando, ao varão frígio,[27] o jantar ofereceu.»[28]
Depois de admirares bem este antigo cinzelado,
em taças de Príamo beberás.... Astíanax.[29]

7

Chama-se a isto defender causas, chama-se a isto, Cina, falar
[com eloquência,
quando, em dez horas, Cina, dizes nove palavras?
Mas há pouco, em alta grita, quatro clépsidras
reclamaste.[30] Como vais poder, Cina, guardar longo silêncio!

Centauros deixaram-se levar pela embriaguez, pois não estavam habituados a beber, e um deles tentou violar Hipodamia, a noiva. Todos se envolveram em autêntica batalha, que acabou com muitas vítimas e uma vitória à justa dos Lápitas. O centauro Reco é ainda protagonista de outra tentativa de violação, de Atalante. Esta, todavia, que dedicara a sua virgindade a Ártemis e fora educada entre caçadores, matou-o com uma flecha certeira.

[24] Nestor. V. n. a II 64, 3.

[25] Aquiles, descendente de Éaco, o mais piedoso e justo dos Gregos. Por isso, depois de morrer tornou-se o juiz das almas nos infernos.

[26] Dido é a rainha de Cartago imortalizada por Vergílio na *Eneida*. Depois de Eneias ter fugido de Tróia em chamas, para fundar uma nova pátria em terras longínquas por missão dos deuses, na longa viagem que empreendeu até atingir a *Italia* muitos foram os perigos que teve de enfrentar. Uma tempestade atirou-o para as costas de *Africa*: aí, ele e os seus foram acolhidos por Dido, que se apaixonou perdidamente pelo herói. Amor funesto, todavia. Quando Eneias, chamado à razão pelos deuses, partiu para cumprir o seu destino, Dido suicidou-se.

[27] Eneias. Tróia é uma cidade da Frígia, região a oeste na Ásia Menor.

[28] O esplêndido banquete que a rainha deu para receber Eneias e os seus. Dando início às libações, Dido deu a beber a primeira taça a Bícias, companheiro do herói (*Eneida* I 738). Foi essa a noite em que Eneias contou à rainha o fim de Tróia e a sua viagem (cantos II e III) e também aquela em que, ouvindo-o, 'a infeliz Dido bebia um longo amor' (I 749).

[29] As taças são velhas como Príamo (v. n. a II 64, 3); o vinho é novo, como Astíanax. Astíanax era o filho, ainda criança, de Heitor e Andrómaca e, portanto, neto do rei Príamo. V. n. a V 53, 2.

[30] V. n. a VI 19, 8 e VI 35, 1.

8
Dás início, Jano, é certo, à fuga dos anos
e renovas, com teu rosto, os longos séculos.
És o primeiro, reconheço, a quem nosso pio incenso invoca,
[nossos votos saúdam.
Podes ser venerado pela púrpura afortunada,[31] por toda a
[magistratura.
Mas tu preferes que a cidade do Lácio, no teu mês,
Jano, tenha a sorte de ver o regresso de um deus.

9
Saldar três quartos <da sua dívida> para contigo, Quinto, há
[pouco queria
o rameloso Hilas; zarolho, quer pagar metade.
Aceita e nem olhes para trás; fugaz é o ensejo de lucro:
se ficar cego, nada te pagará Hilas.

10
Basso comprou por dez mil sestércios lacernas tírias[32]
das mais belas cores. Um lucro de mão-cheia.
«Tão barato as comprou?» perguntarás. Longe disso: é que não
[as pagou.

11
Que regressaste à tua cidade, já o Reno o sabe,
 pois até ele escuta as aclamações do teu povo.
Até às tribos dos Sármatas, ao Istro e aos Getas
 aterrou este clamor da nova alegria.
Enquanto longas ovações te veneram no sagrado Circo,
 ninguém reparou que já eram quatro as corridas dos cavalos.[33]
Nenhum imperador como tu, César, assim de Roma foi amado:
 Nem já poderia amar-te mais, ainda que quisesses.

---
[31] Sinédoque por cônsules. Cf. VIII 4 e n. a VIII 2, 1.
[32] De cor púrpura, vinda de Tiro, cidade fenícia. V. n. a II 43, 7.
[33] Cf. VII 6 e 7. A diferença, agora, é que ninguém presta atenção às corridas do circo porque Domiciano está já em Roma e assiste, com todo o povo, ao espectáculo (o que torna o recinto, evidentemente, 'sacro', cf. v. 5). Como cada corrida demorava cerca de 15 minutos, depreende-se que o aplauso ao *princeps* durou uma boa hora...

12

Perguntam porque não quero uma esposa rica
desposar? Não quero ser esposa da minha esposa.
Que a mulher seja, Prisco, inferior ao seu marido:
de outro modo não há igualdade entre mulher e homem.

13

Por parvo[34] o despachavam. Por vinte mil o comprei.
Devolve-me o dinheiro, Gargiliano: o tipo é um sabidão.

14

Para que os vergéis da Cilícia não empalideçam no temor do
[inverno,
nem uma aragem mais forte consuma o tenro bosque,
aos invernais notos[35] expostas, umas vidraças deixam passar
límpidos sóis e a claridade sem poeiras.
Mas a mim cabe-me um tugúrio fechado por uma amostra de
[postigo,
no qual nem o próprio Bóreas quereria ficar.[36]
Nestas condições tu mandas, ó cruel, que viva um velho amigo?
Mais resguardado estaria como hóspede das tuas árvores.

15

Enquanto se narra a fresca glória de tua guerra panónica[37]
e todos os altares sacrificam a Júpiter regressado,
é o povo, é o grato cavaleiro,[38] é o senado[39] que queima incenso

---

[34] O *morio*. Cf. XIV 210 e n. a III 82, 24.

[35] V. n. a V 71, 4. O Bóreas é o vento norte.

[36] Ou seja: o desumano patrono protege, em magnífica estufa, as suas plantas, mas permite que o poeta enregele na sua casa miserável.

[37] A Panónia ocupava o terreno da actual Hungria.

[38] Os cavaleiros tinham razões especiais para tal gratidão, nomeadamente a reposição em vigor da *lex Roscia theatralis* (v. n. a III 95, 10), a concessão a alguns dos seus membros de magistraturas que até aí não lhes cabiam por direito, a ocupação de certos postos de confiança até então reservados a libertos, ou a criação de novos cargos que lhes foram atribuídos. Os senadores, porém, tinham muitas razões para não apoiarem Domiciano: não só foram desconsiderados em muitas circunstâncias em favor dos *equites*, como o poder e as prerrogativas de que gozavam foram drástica e progressivamente reduzidos. Além disso, muitos

e, pela terceira vez, os teus presentes enriquecem as lácias
                                               [tribos.[40]
Roma recordará também este discreto assinalar do triunfo,
e essa coroa de louro, símbolo da tua paz, não terá menor
                                               [valor,[41]
porque te fias na santa devoção do teu povo.[42]
   A virtude maior do príncipe é conhecer os seus.

16

Padeiro que foste durante muito tempo, Cipero,
agora defendes causas; e por duzentos mil cada vez tu cobras.
Mas gasta-los e, sem cessar, procuras contrair empréstimos.
Padeiro, Cipero, não deixas de ser:
fazes o pão e fazes a farinha.[43]

17

Defendi, Sexto, pelos estipulados dois mil, a tua causa.
   Porque me mandaste mil moedas? Que é isso?
'Não argumentaste nada' respondes 'e perdeste a causa.'
   Tanto maior é teu débito, Sexto – porque me envergonhei...[44]

---

de entre eles foram alvo de perseguições e bastantes sofreram a morte ou o exílio e a confiscação dos bens.

[39] Note-se a gradação ascendente, respeitando a hierarquia dos estratos sociais dos cidadãos.

[40] No âmbito das celebrações pela vitória sobre os Sármatas, Domiciano concedeu um *congiarium*, distribuição de cereais, vinho, azeite ou, em circunstâncias excepcionais como esta, dinheiro. Foi o terceiro do seu principado, tendo os dois anteriores ao que tudo indica tido lugar após o triunfo sobre os Catos, em 83, e o duplo triunfo sobre os Catos e os Dacos, em 89.

[41] Sobre esta atitude de Domiciano, v. Introdução.

[42] Adoptamos, neste caso, a pontuação proposta por IZAAC (1930: 7-8) e NORCIO (1980: 503). O último traduz *quod tibi de sancta credis pietate tuorum* por «come puoi dedurre dalla sancta venerazione dei tuoi sudditi». Bailey (1990 e 1993) pontua assim: ....*erit. / quod tibi de sancta credis pietate tuorum, / principis*.... e, no texto da Loeb, traduz «.... esteemed. You trust yourself concerning your people's pure devotion; it is....».

[43] Parece significar: ajuntas (fazes pão) e depois dispersas (fazes farinha).

[44] Pelos crimes que o outro cometera.

Livro VIII

18
Se teus epigramas, Cerrínio, publicasses,[45]
tanto ou mais que eu poderias ser lido.
Mas em ti mora tanta deferência ao velho amigo
que te é mais cara a minha fama que a tua.
Também Marão não tentou a lírica do cálabro Flaco,[46]
embora soubesse superar os ritmos pindáricos,[47]
e a Vário cedeu o louvor do romano coturno,
embora pudesse, em registo trágico, ser mais eloquente.[48]
Amigos que ofertem ouro e riquezas e campos há muitos;
dispostos a ceder no engenho, só por excepção.

19
Cina quer parecer pobre, e é mesmo pobre.

20
Embora não haja dia em que não escrevas duzentos versos,
Varo, nenhum recitas.[49] És, a um tempo, insensato e sensato.

21
Fósforo,[50] faz renascer o dia. Porque protelas as nossas alegrias?

---

[45] Se este Cerrínio alguma vez publicou alguma coisa, tudo se perdeu. Mas o epigrama deve ser apenas cumprimento a um amigo com veleidades poéticas mas sem talento.

[46] V. n. a I 61, 2 e V 30, 2. O *cognomen* de Horácio era Flaco.

[47] Píndaro, poeta lírico grego do séc. V a.C., famoso sobretudo pelos epinícios compostos sobre os vencedores dos Jogos Pan-helénicos.

[48] De facto, Vergílio não escreveu odes nem usou os metros da lírica horaciana. Também não escreveu tragédias como Vário, autor de um *Tiestes* que não chegou até nós mas que na Antiguidade colheu grande favor. Mas não terá sido por amizade que o não fez.... Tal sentimento, porém, era real, como documentam por ex. dois factos: foram Vergílio e Vário que apresentaram Horácio a Mecenas, garantindo-lhe assim a generosa protecção que ele dispensava aos artistas que o rodeavam; foi Vário um dos encarregados por Augusto de publicar a *Eneida* após a morte de Vergílio. A ser verdade a tradição, a ele coube também parte da responsabilidade de não respeitar a vontade de Vergílio, que lhe terá pedido que queimasse a sua obra inacabada.

[49] V. n. a I 63, 2 e I 76, 14.

[50] Nome grego da Estrela da Manhã, Vénus. À letra 'que traz a luz' (de φῶς e φέρω).

César está para regressar: Fósforo, faz renascer o dia.[51]
É Roma que to pede. Acaso te traz a indolente carruagem
  do plácido Bootes,[52] para acudires com tão lenta roda?
Podias ter trazido Cílaro do astro de Leda;[53]
  o próprio Castor te cederá agora o seu cavalo.
Porque reténs a impaciência do Titã?[54] Já Xanto e Éton[55]
  reclamam os seus freios, acordada está a mãe nutriz de
    [Mémnon.[56]
Tardas embora, não cedem as estrelas à clara luz,
  e anseia a Lua por ver o chefe ausónio.
Agora, César, mesmo de noite vem: poderão os astros assistir;
  não faltará ao povo, com o teu regresso, o dia.[57]

22

Acenas–me com javali: serves–me, Gálico, porco.
Palerma[58] quero ser, Gálico, se cuidas passar–me a perna.

23

A teus olhos pareço cruel e por demais guloso,
  eu que, por causa do jantar, Rústico, mando sovar o cozinheiro.
Se este te parece leve pretexto para chicote,
  qual é, para ti, um bom motivo para açoitar um cozinheiro?

---

[51] Cf. VII 7. O dia do regresso do vitorioso e amado Domiciano parece não mais chegar e Marcial expressa o que diz ser ansiedade de todos.

[52] A constelação do Boieiro.

[53] A constelação de Castor e Pólux, filhos de Leda (v. n. a I 36, 2). Cílaro é o cavalo de Castor.

[54] Hélio, o Sol, pertencia à geração dos Titãs, a geração divina primitiva. Eram suas irmãs Eos (Aurora) e Selene (Lua).

[55] Xanto é um dos cavalos de Aquiles, imortais e filhos de Zéfiro. Éton é um dos quatro cavalos do Sol.

[56] Eos, a Aurora dos 'dedos róseos', que abre as portas do Céu para que o carro do Sol saia. Mémnon, seu filho e de Titono, combatia ao lado dos Troianos e foi morto por Aquiles. As lágrimas de sua mãe são as gotas de orvalho em cada manhã.

[57] Ou seja: noite e dia digladiam-se para ver chegar Domiciano. Mas, chegue ele em que momento chegar, com ele virá a Luz.

[58] O original diz *hybrida*, termo que Plínio-o-Velho emprega para designar o animal que resultava do cruzamento entre um javali e uma porca. Aí parece residir o jogo.

Livro VIII

24
Se acaso eu algo te pedir neste tímido e delicado livrinho,
   e insolente não for o meu escrito, concede–mo.
E se o não concederes, César, ao menos deixa que te roguem:
   jamais se ofende, com incensos e preces, Júpiter.
Quem plasma em ouro ou mármore os sagrados rostos,
   não é o que cria deuses: mas quem lhes roga, esse sim, cria.

25
Visitaste–me apenas uma vez, Opiano,
quando eu estava assaz doente:[59] pois eu a miúdo te visitarei.[60]

26
Não temeu tantos tigres, nas planícies da Aurora,
   o caçador do Ganges, que fugiu, pálido de medo, em hircano[61]
cavalo, quanto os que a tua Roma, Germânico,[62] viu pela
                                [primeira vez:
nem pôde contar <as feras que fizeram> as suas delícias.[63]
Venceu a tua arena, César, os triunfos eritreus
   e a pompa e as riquezas do deus vencedor:
quando arrastara atrás do carro os cativos indianos,
   Baco tinha-se contentado com um par de tigres.[64]

---

[59] Na esperança de herdar qualquer coisa.

[60] Porque vale a pena tentar também ele ser inscrito entre os herdeiros, sem dúvida.

[61] A Hircânia ficava na Ásia, junto ao mar Cáspio.

[62] Título mais que nunca justamente aplicado: os jogos celebram mais uma campanha vitoriosa de Domiciano sobre os Germanos. Os preceitos da *uariatio* (e a adulação…) motivam o vocativo *Caesar* no v. 5.

[63] Nos jogos proporcionados pela vitória e regresso de Domiciano, foram, como era hábito, aos milhares os animais ferozes e exóticos exibidos e abatidos nas *uenationes*, as caçadas da arena. Cf. VIII 53 (55).

[64] Alusão ao triunfo de Dioniso / Baco após a conquista da Índia. Aí teve origem o seu cortejo triunfal, que sempre o acompanhava, constituído por Silenos, Bacantes, Sátiros e outras divindades menores. O deus deslocava-se num carro puxado por duas panteras (ou tigres, como na versão de Marcial). V. n. a IV 44, 3.

27
Quem te dá presentes, Gauro, a ti que és rico e velho,
se és sensato e compreendes, o que te diz é 'Morre!'.

28
Diz–me, toga, grato presente de um eloquente amigo,
de que grei a fama e a honra desejas ser?
Floresceu para ti a ápula erva do ledeu Falanto,
onde o Galeso ensopa os campos cultivados com águas da
[Calábria?[65]
Ou o tartessíaco nutridor do estábulo ibérico,
o Bétis, te lavou também no dorso duma ovelha da Hespéria?[66]
Ou a tua lã contou as muitas bocas do Timavo,
do qual o piedoso Cílaro, com astrífera boca,[67] bebeu?
Não convinha que acinzasses com a tinta de Amiclas,
nem Mileto era digna de teu velo.[68]
Os lírios, tu vence-los e aos ligustros por murchar
e ao marfim que alveja no monte tiburtino;[69]
o espartano cisne[70] vais superar e as pombas de Pafos,[71]
vais superar a pérola extraída dos fundos eritreus.[72]
Mas, embora com as primeiras neves rivalize este presente,
não é mais cândido que Parténio,[73] seu doador.
Não teria eu preferido da soberba Babilónia os coloridos

---

[65] V. n. a V 37, 2. Falanto, o herói epónimo de Tarento, na Calábria, a sul da Apúlia, é 'ledeu' porque era originário de Esparta, capital da Lacónia, onde Leda reinou com seu marido, Tíndaro.

[66] V. n. a IV 28, 2 e VII 28, 3. A Hespéria é 'a terra do Ocidente', nome poético que os Gregos davam à Itália. Para os Romanos designava a Hispânia.

[67] Embora ainda não tivesse entrado na formação da constelação de Gémeos. V. n. a IV 25, 5-6 e VIII 21, 5.

[68] A púrpura da Lacónia era afamada, embora menos que a de Mileto. Amiclas era filho de Lacedémon, o epónimo dos Lacedemónios (Esparta = Lacedémon).

[69] V. n. a IV 62, 1 e 2.

[70] O cisne de Leda. v. n. a I 36, 2 e I 53, 8.

[71] A pomba é animal consagrado a Vénus, objecto de especial culto na ilha de Pafos (v. n. a VII 74, 4).

[72] V. n. a V 37, 4.

[73] V. n. a IV 45, 2. Marcial joga com a etimologia do nome do poderoso liberto de Domiciano (παρθένιος 'virginal, puro'). Não pode ir mais longe a adulação.

Livro VIII

têxteis, bordados pela agulha de Semíramis;[74]
não me orgulharia mais, coberto do ouro de Atamante,[75]
se me desses, Frixo, o rebanho eólio.[76]
Oh, quantas risadas despertará a minha lacerna,
quando comparada com a minha toga palatina![77]

29

Quem dísticos escreve, cuido, quer agradar pela brevidade.
Mas de que serve a brevidade, diz-me lá, se de um livro se
[trata?

30

Estes jogos que agora vemos na arena de César,
foram a glória suprema nos tempos de Bruto.[78]
Vês como, imperturbável, a mão segura as chamas,
com a dor se deleita e o atónito fogo subjuga!
Ele próprio assiste como espectador e a nobre morte
da sua direita aprecia; ela rejubila com o ritual completo.
Pois se lhe não fora arrancado à força o instrumento da tortura,
[preparava-se,
com mor crueza ainda, a esquerda para se jogar no lasso fogo.
Não me interessa saber, depois de tal proeza, o que teria feito
[antes:[79]
basta-me ter conhecido esta mão que vi.

---

[74] A bela, sábia e corajosa rainha da Babilónia, cuja história maravilhosa foi contada por Diodoro Sículo. Sobre os famosos tecidos bordados de Babilónia, v. XIV 150.

[75] Pai de Frixo e Hele, que o carneiro de pelagem dourada transportou pelos ares para os salvar da madrasta, Ino, que lhes tramava a morte. V. n. a VI 3, 6.

[76] Isto é: nem preferiria, à toga oferecida por Parténio, outra tecida com o Velo de Ouro.

[77] Suavemente, Marcial pede que a generosidade de Parténio acrescente à toga uma lacerna (v. n. a II 43, 7), para substituir a miserável que possui e não envergonhar tão elegante presente. A toga é 'palatina' porque lhe chega do *Palatium*, hábil maneira de evocar o favor de que Parténio gozava junto do *princeps*.

[78] Trata-se da representação de uma *fabula* na arena, desta vez de tema histórico. Um condenado faz as vezes de Múcio Cévola. V. n. a I 21, 1. Sobre esta forma 'realista' de representar *fabulae* e castigar condenados, v. *Spect.* 6; 9; 10; 24; 25.

[79] Perante a bravura com que o condenado suportou o castigo, Marcial nem quer saber que crimes está a pagar.

31

Não sei porque de ti, Dentão, fazes pouco honrosas confissões,
  tu que pedes, depois de casado, os direitos paternais.[80]
Ora deixa-te mas é de enfadar ao Senhor com súplices
  requestas[81] e, de Roma à tua pátria, ainda que tarde, regressa:
enquanto tu, descurando a esposa, andas por fora, e muito tempo,
  à procura de três filhos, quatro bem podes encontrar.

32

Pela brisa suave deslizando, uma graciosa pomba veio pousar
  no regaço de Aretula, que estava sentada.
Um jogo do acaso, não tivesse a ave, descuidosa, ali permanecido
  e, com a fuga ao seu alcance, recusado partir.
Se é lícito a uma piedosa irmã esperar reconforto
  e as preces podem demover o senhor do mundo,
talvez das costas da Sardenha esta ave
  venha, mensageira de um exilado, a anunciar o regresso de teu
       [irmão.[82]

33

Da tua coroa de pretor, Paulo, uma folha me
  mandas e pretendes que a dita se chame taça.
Desta película fora há pouco revestido o teu tablado,[83]

---

[80] Também Marcial obteve o *ius trium liberorum* sem ter os filhos que a lei exigia (cf. II 91; 92). A diferença, na perspectiva do poeta, só pode ser que ele não é casado, como Dentão.

[81] O imperador tinha um liberto encarregado de receber e encaminhar tais questões, o seu *a libellis*. Nesta altura, esse 'ministro' era Entelo, cujo favor o poeta procura captar em VIII 68.

[82] De forma subtil, talvez fazendo uso de uma influência que (já) julgava ter, Marcial atreve-se a pedir, decerto em nome de Aretula, o perdão do exílio do irmão dela. Vejam-se, todavia, os mil cuidados em não exceder os limites: não é a Domiciano que se dirige, alude ao *princeps* por fórmula que consagra o seu poder absoluto (v. 6: *dominus mundi*), todo o quadro criado simboliza paz, serenidade, reconciliação (a pomba, animal absolutamente inofensivo, nem sequer foge do regaço de Aretula, o que talvez sugira a inocência do exilado e a aceitação do seu destino na Sardenha)...

[83] Subentenda-se 'teatral'. Era obrigação dos pretores darem jogos, cujo custo cada vez mais elevado suportavam na quase totalidade. A abrir os *ludi* realizava-se um cortejo solene, a *pompa*: o promotor dos jogos desfilava num carro especial, tendo por trás dele um escravo que mantinha uma coroa (cf. v. 1) suspensa sobre

Livro VIII

e o pálido borrifo do vermelho açafrão[84] diluiu–a.
Ou não será antes a astilha raspada pela unha de algum astuto
   escravo e que, segundo cuido, pertence ao pé da tua cama?
De longe poderia sentir um mosquito a voar
   e vibrar com a asa da mais pequena borboleta;
esvoaça ao sabor do fumo de uma minúscula lucerna
   e quebra-se tocada por um fio de vinho derramado.
Com esta saliva se lustra a noz das calendas de Jano,
   que, com o pequenino asse, o mísero cliente traz <ao seu
                                                   [senhor>.[85]
As flexíveis colocásias crescem com fio menos grácil,
   mais grossas, com sol demais, as pétalas dos lírios caem;
e a aranha não vagueia por uma tão frágil teia,
   em tão subtil trabalho nem o bicho-da-seda, suspenso, se
                                                   [afadiga.
Mais densa, na cara da velha Fabula, se acumula a greda,[86]
   mais densa a bolha que se forma na água chapinhada;
mais forte, a rede conserva os enrolados cabelos[87]
   e a espuma batava tinge as lácias comas.[88]
Com esta casca se reveste o pinto no ovo de Leda;[89]
   são assim as moscas[90] que se aplicam sobre a fronte lunada.
Porquê uma taça, quando poderias ter mandado uma concha,
   quando poderias ter mandado uma colher?...

---

a sua cabeça, enquanto lhe murmurava incessantemente que não se esquecesse de que era um homem (portanto, de um momento para o outro podia desvanecer--se a glória de que gozava).

[84] V. n. a *Spect.* 3, 8.

[85] O *cliens* oferecia ao seu patrono presentes simbólicos no dia 1 de Janeiro. Cf. XIII 27.

[86] Cf. II 41, 11.

[87] A *uesica*, 'bexiga, bolsa', com que as mulheres prendiam os cabelos durante a noite.

[88] Trata-se de um espécie de sabão que os Batavos, povo germânico, usavam para dar ou fixar tons de ouro aos cabelos, e que passou a ser muito usado em Roma. Cf. XIV 26 e 27; v. n. a V 68, 1.

[89] O cisne de Leda. Além disso, numa versão do mito dizia-se que Leda pusera um ovo donde saíram dois dos seus filhos, Helena e Pólux, filhos de Zeus. Outros diziam que eram dois ovos: da cada um nascera um par de gémeos. V. n. a I 36, 2 e I 53, 8.

[90] Os *splenia*. V. n. a II 29, 9.

Coisas demasiado grandes!? – quando poderias ter mandado uma
                                      [casca de caracol,[91]
enfim quando poderias ter mandado, Paulo… nada?

34

Autêntico Mio,[92] dizes tu, é a peça de prata que possuis.
    O que sem ti se fez – é obra mais autêntica?[93]

35

Quando são semelhantes e afins na vida,
uma péssima esposa, um péssimo marido,
o que me espanta é ver que andam sempre desavindos.

36

Ri-te, César, dos régios milagres das pirâmides;
    já não fala a bárbara Mênfis dos seus monumentos orientais.[94]
A que parte do palácio de Parrásia se iguala o edifício
                                    [mareótico?[95]
Mais deslumbrante nada vê, em todo o mundo, o dia.
Cuidarias que se elevavam, a um tempo, as sete colinas,[96]
    mais pequeno era o Ossa, suporte do tessálico Pélion.[97]
Pelos céus tanto adentra que, oculta entre os cintilantes astros,
    a cúpula majestosa retumba os trovões das nuvens mais baixas;
e com a luz ainda encoberta de Febo[98] se sacia,

---

[91] Há aqui um jogo impossível de traduzir que assenta na semelhança fónica e semântica entre *cocleare* (v. 24: colher com que se comiam os ovos, os mariscos e os caracóis, por ex.; cf. XIV 121) e *coclea* (v. 25: caracol). Há ainda uma gradação descendente do valor e tamanho dos presentes saturnalícios sugeridos por Marcial a Paulo: uma taça (*phiala*), uma concha (*ligula*), uma colher (*cocleare*), uma casca de caracol (*coclea*)… nada!

[92] Famoso cinzelador grego do séc. V a.C.

[93] Pode ser obra de outro falsário.

[94] Idêntico tom usara Marcial para louvar o Anfiteatro Flávio. Cf. *Spect.* 1.

[95] V. n. a VII 56, 1 e 2. 'Mareótico' está por 'egípcio' (v. n. a IV 42, 5).

[96] V. n. a IV 64, 11.

[97] Ossa e Pélion são montanhas da Tessália. Quando os Gigantes Oto e Efialtes decidiram combater contra os deuses, puseram o Ossa sobre o Olimpo e o Pélion sobre o Ossa e ameaçaram escalá-los até ao céu.

[98] Este epíteto de Apolo (Φοῖβος) significa 'Brilhante'.

antes que Circe[99] veja o rosto nascente de seu pai.
E, no entanto, Augusto, este palácio que, com o cimo, toca as
[estrelas,
tem uma altura igual ao céu: mas é menor que o seu senhor.

37
Lá porque a Caietano devolves, Policarmo, os recibos,
  cuidas por acaso que lhe concedeste cem mil?
'Mas ele devia esta soma' replicas tu. Guarda, Policarmo, os
[recibos
  e na conta de Caietano credita dois mil.[100]

38
Quem oferece, com pertinaz afecto,
os bens da sua prodigalidade a alguém que os apreciará,
talvez ande à caça de heranças ou torne a pedir algo em troca.
Mas se alguém persiste em honrar
um nome que resistiu à morte e à sepultura,
que procura senão aliviar a sua dor?
Conta a diferença entre o ser bom e querer parecê-lo.
Tu dás o exemplo, Mélior,[101] é certo e sabido,
tu que, nas exéquias, pesaroso, o nome
do defunto Bleso não deixas extinguir-se:
de generosa arca dás abundantes fundos
para a celebração do dia do seu nascimento,
à corporação dos escribas fiéis à sua memória,
e crias tu próprio a fundação de Bleso.[102]
Este tributo, muito tempo o darás, enquanto viveres;
este continuará a ser, mesmo depois das cinzas, o teu tributo.

39
Para acolher as refeições da mesa palatina
  e os pratos de ambrósia, não havia até agora uma sala.

---

[99] Dizia-se que a ilha de Circe, filha do Sol, era o primeiro lugar banhado pelos raios do sol.
[100] Cf. IX 102.
[101] V. n. a II 69, 7.
[102] Mélior criou um *collegium* encarregado de todos os anos celebrar o *dies natalis* de Bleso e de lhe perpetuar o nome.

Aqui podes, Germânico, haurir o sagrado néctar
e as taças preparadas pela mão de Ganimedes.[103]
Oxalá queiras bem tarde, eu te suplico, ser um conviva de Tonante.
Mas se tens pressa,[104] Júpiter, vem tu mesmo em pessoa.

40
Priapo,[105] guardião – não de um jardim
nem de videira fecunda, mas de um bosque ralo,
do qual nasceste e podes voltar a nascer –
afasta, eu te aconselho, as mãos rapaces
e a madeira para a lareira do senhor reserva:
se ela faltar... até tu próprio és lenha.

41
'Atenágoras anda amargurado e não me enviou os presentes
que, em meados do inverno, costuma enviar.'
Se Atenágoras anda amargurado, Faustino, é o que verei:
a mim, de certeza, é que Atenágoras deixou amargurado.[106]

42
Se uma espórtula maior, para os ricos senhores, te
não atraiu, como costuma, poderás,
a expensas da minha, Matão, cem vezes tomar banho.[107]

---

[103] Na celebração da *cenatio*, a sala de jantar do novo palácio de Domiciano, Marcial identifica completamente o *princeps* com o pai dos deuses: os alimentos e a bebida são os dos deuses, a ambrósia e o néctar ('sagrado'), o seu escanção é Ganimedes (cf. IX 36). Só o título, Germânico, remete para as glórias humanas.

[104] De te sentares à mesa com o deus Domiciano... Repare-se que o poder atribuído ao *princeps* pelo poeta vai ao ponto de fazer depender da sua vontade o tempo que ainda vai conceder às tarefas terrenas (cf. v. 5).

[105] V. n. a I 35, 15. Cf. VI 49 e 72.

[106] A explicação deste epigrama parece residir no facto de Faustino ser dos que 'reenvia' aos amigos os presentes que lhe mandam pelas Saturnais (v. n. a I 25, 1 e II 85, 2). Assim, o poeta antevê o seu próprio prejuízo na 'amargura' de Atenágoras. A ser correcta esta interpretação, a brincadeira apenas prova a intimidade existente entre Faustino e Marcial, e a bonomia daquele, capaz de aceitar tais facécias.

[107] A espórtula era de cem quadrantes diários. Cada entrada nas Termas custava um quadrante. Se Matão quiser ser *cliens* de Marcial, pode passar fome mas andará bem limpinho!

43

Enterra as suas mulheres Fábio; Crestila, os maridos.
E cada um agita, sobre o leito nupcial, a fúnebre tocha.[108]
Vénus, ajunta os vencedores; espera-os este
destino: que uma só Libitina[109] os leve aos dois.

44

Titulo, vai por mim, a vida goza: para tal é sempre tarde.
Ainda que sob a orientação do teu pedagogo[110] comeces, é
[tarde.
Porém tu, pobre Titulo, nem velho consegues gozar a vida,
mas coças todos os limiares a apresentar saudações[111]
e de manhã suas, húmido dos beijos de toda a cidade,
e no foro tríplice[112] lançado diante das estátuas equestres todas,
não só o templo de Marte, mas também o colosso de Augusto,[113]
corres todos os dias, entre a hora terceira e a quinta.[114]
Apanha, ajunta, arrebata, possui: é tudo para deixar.
Orgulhoso pode teu cofre amarelecer com a abundância de
[moedas,
podem cem páginas de empréstimos desenrolar-se nas calendas,[115]

---

[108] À semelhança do que fez em III 93, 26, o poeta nomeia a tocha (*fax*) com que se ateava a pira fúnebre, mas sugere a imagem dos archotes (*taedae*) que alumiavam o cortejo nupcial quando a noiva era conduzida a casa do marido.

[109] É a deusa dos mortos, a que vela pelas cerimónias que lhes são devidas. No seu santuário reuniam-se os *libitinarii*, os cangalheiros.

[110] Ou seja: em criança. Recorde-se o sentido primeiro de 'pedagogo': escravo que acompanhava os meninos à escola.

[111] V. n. a I 55, 6.

[112] V. n. a III 38, 4. Titulo, além de *cliens* respeitador e empenhado, divide-se entre os tribunais a arrebanhar casos e dinheiro.

[113] O templo a Marte Vingador. V. n. a VII 51, 4. Quanto ao 'colosso' dividem--se as opiniões: a estátua colossal de Augusto que ficava em frente da Biblioteca anexa ao referido templo? A monumental estátua de Nero, entretanto adaptada (v. n. a *Spect.* 2, 1)? Ou, hipótese consentânea com as intenções adulatórias de Marcial, a enorme estátua equestre de Domiciano que, no Foro romano, comemorava a sua vitória dácia? Recorde-se que sob o nome 'Augusto' se designa o imperador.

[114] A hora de maior intensidade em negócios e actividades profissionais como a de advogado. V. n. a I 108, 9.

[115] O primeiro dia do mês era aquele em que se venciam os juros, se pagavam as rendas...

que jurará teu herdeiro que tu nada lhe deixaste;
e quando tu jazeres no catafalco ou na pedra,
enquanto, atulhada de papiro,[116] a tua pira se elevar,
ele com empáfia beijará os teus eunucos desfeitos em lágrimas;
e, queiras tu ou não, o consternado filho
com teu amante dormirá a primeira noite.

45

Terêncio Prisco,[117] das plagas do Etna, Flaco, me é
    devolvido: que uma alva pérola assinale este dia;[118]
que se esvazie um jarro diminuído por cem
    consulados e a sua turvação reluza, coada devagar por linho.[119]
Quando caberá uma noite tão agradável à minha mesa?
    Quando terei o ensejo de me aquecer com tão merecido vinho?
Assim que me fores devolvido, Flaco, por Cipro citereia,[120]
    outro bom motivo haverá para os meus festejos.

46

Tanto é o mérito da tua beleza, quanta a tua perfeição,
    menino Cesto, mais casto que o inocente Hipólito.[121]
Contigo quereria Diana nadar e ensinar-te a nadar;[122]

---

[116] Funcionava como acendalha.

[117] Este é o primeiro epigrama em que, sem sombra de dúvidas, Marcial fala deste amigo e protector que tanto amparo e conforto há-de trazer-lhe no regresso à terra natal (cf. XII *praef.*; 3...).

[118] Os dias felizes assinalavam-se com uma pedrinha branca (cf. IX 52, 5). Aqui, talvez porque a alegria com o regresso de Prisco da Sicília é tanta, o poeta pensa numa pérola.

[119] Um vinho com cem anos, hipérbole para 'vinho envelhecido'. V. n. a VII 79, 1 e II 1, 10.

[120] Flaco, amigo comum, encontra-se em Chipre (Cipro). Afrodite / Vénus, depois de surgir das águas, foi levada pelos Zéfiros para Citera e depois para Chipre. V. n. a II 47, 2 e VII 74, 4.

[121] Filho de Teseu e de uma Amazona, consagrou-se a Ártemis / Diana e, por isso, renunciara ao amor. Fedra, sua madrasta, apaixonou-se por ele. Escorraçada, acusou-o falsamente de ter atentado contra o seu pudor, provocando a morte do jovem e levando-a ao suicídio.

[122] Ou seja: não lhe aconteceria o mesmo que ao jovem caçador Actéon, que surpreendeu a deusa a banhar-se, nua, numa nascente. Enfurecida, Diana transformou-o em veado. Depois açulou os cães de Actéon, que o atacaram e despedaçaram.

Cíbele preferiria ter-te, íntegro como estás, do que ao seu
                                [efeminado frígio.[123]
Tu podias suceder a Ganimedes[124] no leito,
   mas, com frieza, ao teu senhor só beijos darias.
Feliz a noiva que atormentar tão tenro marido
   e a primeira moça que fizer de ti um homem!

47
Parte dos teus queixos foi tosada, outra rapada,
   outra depilada.[125] Quem poderá cuidar que se trate de uma só
                                [cabeça?

48
Não sabe a quem deu Crispino o tírio manto,[126]
   enquanto mudava de roupa, e a toga vestia.
Quem quer que o tenha, devolva aos ombros o seu atavio, eu o
                                [suplico:
   não é Crispino quem to pede, mas o próprio manto.
Não combinam com todos as vestes tingidas de múrice,[127]
   nem essa cor convém senão à elegância.
Se te movem o roubo e o desvario do vil ganho,
   para dares menos nas vistas, rouba-lhe a toga.[128]

49 (50)
Memorável se conta que foi a mesa do triunfo sobre os gigantes,
   e memorável foi para todos os deuses do alto aquela noite
em que o magnânimo Criador se reclinou[129] com a plebe dos
                                    [deuses

---

[123] Átis. V. n. a VII 73, 3.

[124] V. n. a I 6, 1.

[125] V. n. a II 29, 6 e III 74, 1.

[126] V. n. a VII 99, 1 e VIII 10, 11. Neste epigrama, em que Marcial pede a devolução de uma *abolla*, um manto de luxuoso tecido 'desviada' por mãos não identificadas, conhecemos a faceta da elegância (e ostentação) deste novo-rico. Juvenal também fixou a sua atenção mordaz nas *Tyriae lacernae* (I 27) do figurão.

[127] V. n. a III 82, 27.

[128] Crispino não tem os mesmos problemas que Marcial (cf. VIII 28, 21-22): a toga condiz em qualidade e elegância com o manto, embora seja menos vistosa.

[129] V. n. a II 37, 9.

e aos Faunos[130] se permitiu que pedissem vinho a Júpiter.
Outro tanto memorável, César, foi o convívio em que
                [celebrámos os teus louros.[131]
A nossa alegria contagiou os próprios deuses.
À tua mesa se sentam todos: cavaleiros, homens do povo e
                [senadores,[132]
e Roma toma, na companhia do seu chefe, os divinos manjares.
Grandes eram as tuas promessas, quão maiores os teus
                [presentes!
Prometeste–nos a espórtula, deste um festim em regra.[133]

50 (51)

Quem cinzelou este copo? O experiente Mis ou Míron?
De Mentor é esta mão, ou da tua, Policleto?[134]
Vapor algum a turva ou escurece; nem repugna
à sua massa escura a experimentação do fogo.
Electro verdadeiro refulge com metal menos amarelo[135]

---

[130] Seres metade homens, metade bodes, demónios dos campos e dos bosques, *grosso modo* equivalentes aos Sátiros gregos. Representam aqui uma '3ª classe' divina que, não obstante esse lugar inferior, puderam privar com Júpiter e dele obter a satisfação dos seus desejos.

[131] Marcial compara o banquete dos deuses após vencerem a Gigantomaquia com a *recta cena*, o 'jantar de cerimónia' que Domiciano ofereceu a senadores, cavaleiros e plebe durante as celebrações da vitória contra os Sármatas. Em ambos houve comida e bebida a rodos, em ambos se viveu um momento de intensa alegria e partilhado à-vontade. No do Olimpo, presidiu Júpiter. No de Roma, Domiciano deixou-se adorar pelo povo agradecido.

[132] Todos os *ciues*, os cidadãos de pleno direito, do mais alto ao mais insignificante (como os Faunos…).

[133] V. n. a III 7, 1 e 6.

[134] V. n. a VIII 34, 2 e IV 39, 5. Policleto é o célebre escultor grego do séc. V a. C.

[135] A minha interpretação segue a de BAILEY (1993: 199), na medida em que *uera* me parece um termo mais apropriado para caracterizar *electrum*, com o valor de 'electro', do que com o de 'súccino'. O problema tem que ver com o material de que o copo teria sido feito: Bailey sustenta que, apesar de não ter sido moldado de uma liga com 75% de ouro e 25% de prata, tradicionalmente designada por electro, contudo a prata e o bronze, que teriam entrado na composição do falso electro, não teriam tornado o copo menos brilhante. IZAAC (1930: 19) e NORCIO (1980: 522-3) cuidam que o copo fora moldado em ouro e que teria algumas partes de prata (*pustula*). Por isso, optam pelo segundo valor de *electrum* e consideram *flauo… metallo* segundo termo de comparação.

e os felizes relevos de prata trabalhada vencem o níveo marfim.
   À matéria não cede a arte: assim abraça o seu disco
   a lua-cheia, quando, com todo o fulgor, rebrilha.
Lá está o bode, com o tosão que o filho de Éolo dera ao tebano
            [Frixo,
   como adorno: por este teria preferido a irmã ser levada.[136]
A este bode nem o tosador de Cínife[137] ousaria violar e tu
   próprio, Lieu,[138] que pascesse da tua vinha quererias.
Sobre o dorso do animal está um Amor de ouro com gémeas
            [asas,
   a flauta de loto de Palas[139] emite som da sua tenra boca.
Foi assim que, deliciado com Aríon de Metimna, um delfim
   transportou, por calmos mares, uma não muda carga.[140]
Que não seja a mão dum escravo da grei do senhor, mas a tua,
            [Cesto,
   a encher de néctar à altura, para mim, este presente excepcional.
Cesto, honra da mesa, mistura o vinho de Sécia:[141] parece-me
   que o próprio menino, o próprio bode têm sede.
Que o número de cíatos se conte pelas letras de 'Istâncio Rufo':[142]
   dele me vem, com efeito, tão valioso presente.
Se Teletusa vier e os prometidos gozos me trouxer,
   vou guardar para a minha bem-amada as quatro do teu nome,
            [Rufo;

---

[136] V. n. a VIII 28, 19. Atamante era filho de Éolo, antepassado dos Eólios.
[137] V. n. a VII 95, 13.
[138] Epíteto de Baco / Dioniso.
[139] Atribuía-se a Minerva (Palas) a invenção da flauta.
[140] Aríon, poeta lírico do séc. VII a.C., nasceu em Metimna, na ilha de Lesbos. Muito do que se conta sobre a sua vida assume contornos de lenda. Diz-se que acumulou grandes riquezas nos tempos em que permaneceu na *Italia*. No regresso, os marinheiros do barco em que viajava atiraram-no ao mar para lhe ficarem com os bens. Mas um golfinho ficou fascinado com o poema que ele cantou antes de o lançarem às águas e salvou-o. Atribuía-se a Aríon a criação do ditirambo como composição literária; mas nada chegou até nós da sua obra.
[141] V. n. a IV 64, 34. Para um vinho especial, só um copeiro de eleição como Cesto (cf. VIII 46).
[142] V. n. a III 82, 29; I 71, 4 e VII 68, 1. As 'saúdes' eram feitas com o vocativo do nome de quem se celebrava. Daí as quatro taças (v. 24: *Rufe*) e as sete seguintes (v. 25: *Istanti*), o que perfaz onze, suficiente 'para afogar as mágoas' (v. 26).

se indecisa estiver, com sete cíatos esperarei; se defraudar o
[amante,
para afogar as mágoas, a soma dos dois nomes beberei.

51
É formosa a valer, mas Ásper tem por ela uma paixão de cego.
Ásper, na realidade, ama–a mais do que vê.[143]

52
O meu barbeiro – um rapazito ainda, mas com tanta destreza
quanta nem Tálamo, o barbeiro de Nero, a quem
recorreram as barbas dos Drusos,[144] teve –
emprestei-o, Cecidiano, a Rufo,
a pedido deste, para que lhe polisse as faces.
À força de, em cumprimento das ordens, passar e repassar os
[mesmos pêlos,
com o juízo do espelho a guiar a mão,
e depilar a pele e fazer uma longa
remoção dos cabelos já cortados,
aparece-me o barbeiro... com a barba crescida.[145]

53 (55)
Ensurdecedor como os rugidos que, pelas selvas dos
[Massilos,[146] se ouvem,
sempre que inúmeros leões entram em fúria na floresta,
quando o lívido pastor, aos púnicos[147] povoados, reconduz
os touros apavorados e o gado sem tino:
assim foi o pavor que há pouco ressoou na ausónia arena.[148]

---

[143] Cf. III 8 e 11.

[144] Marcial refere-se decerto a Cláudio e a Nero. O primeiro era filho de Druso, o filho mais novo de Lívia, mulher de Augusto. Nero foi adoptado por Cláudio, o que o fez passar a pertencer aos 'Drusos'.

[145] Cf. VII 83.

[146] Povo da região da Numídia, no norte de África, de onde vinham milhares de animais para os espectáculos da arena (e um afamado mármore de tom amarelo: cf. v. 8).

[147] Cartagineses.

[148] Além dos tigres em quantidade invulgar (cf. VIII 26), Marcial evoca um formidável leão que Domiciano apresentou nos jogos ('na ausónia arena', o Anfiteatro em Roma) celebrados no regresso da campanha contra os Sármatas.

Quem não esperaria um bando? Era apenas um,
mas diante de cujo poder tremeriam até os próprios leões,
ao qual teria dado um diadema a Numídia de policromos
[mármores.
Oh quanta nobreza, que imponência derramava pelo seu
[pescoço,
a dourada sombra de uma juba arqueada, quando estava de pé!
Como o seu largo peito se ajustava aos enormes venábulos
e quanta alegria sentiu da morte tão honrosa?[149]
Donde veio, Líbia,[150] uma glória tão ilustre para as tuas
[florestas?
Acaso viera ele do jugo de Cíbele?[151]
Ou antes não foram o teu irmão ou o teu pai,[152] Germânico,[153]
[que te
mandaram, da constelação de Hércules, esta fera?

54 (53)
Ó mais bela de quantas viveram ou vivem,
mas ó mais reles de quantas viveram ou vivem,
oh como eu gostaria, Catula, que te tornasses
menos bela ou mais casta![154]

55 (56)
Embora os nossos tempos superem a época dos avós
e Roma tenha crescido ainda mais com o seu senhor,
admiras-te de que falte o engenho do sublime Marão

---

[149] Porque morreu na capital do mundo e sob os olhos de Domiciano.

[150] V. n. a II 56, 1.

[151] Cíbele deslocava-se num carro puxado por dois leões.

[152] Tito e Vespasiano, respectivamente, ambos divinizados. Por isso podem ter mandado a Domiciano o leão de Némea, que Héracles / Hércules matou e Zeus / Júpiter transformou em constelação para perpetuar a memória do feito.

[153] V. n. a VIII 26, 3.

[154] Seguimos as lições de IZAAC (1930: 21) e NORCIO (1980: 526-7), que apresentam *magis pudicam!*, em virtude de Ovídio *Am.* 3.11a.41 *aut formosa fores minus aut minus improba uellem* e Catulo legitimarem esta interpretação. Wiman, citado e seguido por BAILEY (1990: 264) e (1993: 204-5), prefere *minus pudicam!*, sendo que *durissima* não teria, nesta interpretação, sentido tão pejorativo.

e que ninguém celebre as guerras com tão canora tuba.[155]
Haja Mecenas, não faltarão, Flaco, Marões
e um Virgílio, até os teus campos, se quiseres, to darão.
Perdera as jeiras próximas da infeliz Cremona[156]
e chorava Títiro, desolado, as ovelhas roubadas:[157]
sorriu o cavaleiro etrusco e a pobreza mesquinha
repeliu e ordenou que partisse em célere fuga.[158]
'Toma riquezas e vai ser o maior dos vates;
até podes' ajuntou 'amar o meu Aléxis.'[159]
Postava-se junto da mesa do seu senhor, aquela suma beleza,
a verter o negro falerno[160] com a sua mão branca de mármore,
e servia-lhe copos provados por seus róseos lábios,
capazes de seduzir o próprio Júpiter.
Atónito, o poeta esqueceu a nédia Galateia
e Téstilis,[161] queimada, nas rubras faces, das ceifas.
E logo concebeu <o poema de> Itália e 'as armas e o varão'[162]
quem há pouco acabara de deplorar o *Mosquito* com voz
[rude.[163]

---

[155] Flaco admira-se de que, perante os feitos de Domiciano, não haja um novo Vergílio que escreva um poema épico de valor semelhante à *Eneida*. Marcial explica onde reside o problema: falta de apoio material aos poetas.

[156] Após a batalha de Filipos (v. n. a VII 51, 4), muitas terras foram confiscadas para serem atribuídas aos veteranos do exército de Marco António e Octaviano (depois Augusto). A família de Vergílio foi das que perderam propriedades.

[157] Títiro é um dos pastores da *Écloga* I, identificado com Vergílio.

[158] Mecenas (v. n. a I 107, 4), nascido numa família etrusca ilustríssima, pertencia à ordem equestre. Como fazia em relação a todos os artistas de que se rodeava, deu a Vergílio o apoio e o desafogo económico que lhe permitiram dedicar-se à poesia.

[159] V. n. a V 16, 12.

[160] V. n. a I 18, 5.

[161] Nomes de personagens das *Éclogas*.

[162] O princípio da *Eneida*: *Arma uirumque...* De facto, o genial poema foi 'concebido' já sob o patronato de Mecenas.

[163] O *Culex*, poema em hexâmetros atribuído a Vergílio, incluído na *Appendix Vergiliana* (cf. XIV 185). Conta a história de um pastor que mata um mosquito que lhe salvara a vida, picando-o para o avisar do perigo de uma serpente. O fantasma do mosquito aparece-lhe para lhe censurar a ingratidão e descrever o mundo dos mortos. Acreditava-se que fosse um poema da sua mocidade (daí o adjectivo 'rude'), mas parece certo que se trata de uma paródia épica, construída basicamente com versos 'colhidos' na *Eneida* e nas *Metamorfoses* de Ovídio.

Livro VIII

Para quê falar dos Vários e dos Marsos[164] e dos ditosos nomes
de vates, que muito trabalho darão a citar?
Serei, portanto, um Virgílio, se as dádivas de Mecenas
me concederes? Virgílio não serei, Marso serei.[165]

56 (54)
Embora tu, superador de chefes, de ti próprio superador,
estejas disposto a conceder ofertas ainda maiores,
és amado pelo povo, não por causa das dádivas, César:
é por tua causa que o povo aprecia, César, as dádivas.[166]

57
Três dentes teve, e de uma vez os expeliu a todos
Picente, enquanto estava sentado junto do seu túmulo.[167]
E guardou, num bolso, os últimos pedaços da sua laxa
boca e enterrou-os sob um monte de terra.
Os ossos do defunto escusa um dia de os ajuntar o herdeiro:[168]
este é um serviço que já Picente prestou a si próprio.

58
Como tens, Artemidoro, tão grossas lacernas,
poderia, de pleno direito, o nome dar-te de Ságaris.[169]

59
Vês este fulano, contente do seu único olho,
que, sob uma cara de safado, patenteia uma ramelosa cavidade?

---

[164] V. n. a VIII 18, 8 e VII 29, 8.

[165] Mesmo com o conforto eventual de substanciais dádivas, Marcial jamais será um Vergílio: a sua inspiração é a do epigrama. Se empreendesse a tarefa de cantar numa épica as glórias do momento, seria apenas um mau poeta (como Marso, quando escreveu a sua *Amazonis*, cf. IV 29, 8).

[166] V. n. a VIII 15, 4. Mas *praemia*, 'dádivas', assume um âmbito bem mais vasto: tudo o que os Romanos lhe devem.

[167] O da sua família, obviamente.

[168] No ritual fúnebre, os ossos e as cinzas que restavam da incineração eram recolhidos pelo herdeiro, que lhes misturava vinho e unguentos, guardando depois esses despojos na urna que se colocava no túmulo. Picente já adiantou serviço...

[169] Isto é: 'o que usa *sagum*, saio. V. n. a II 43, 7 e I 3, 8.

Não desdenhes o tipo, nada é mais rapace do que ele;
   não foi tão fulminante a mão de Autólico.[170]
Com um conviva destes, nunca te esqueças de estar alerta:
   é nessa altura que arremete e, embora zarolho, com os olhos
                                                             [ambos vê.
Por diligentes que sejam, copos e colheres vão perdendo os
                                                               [escanções;
e muitos guardanapos[171] se escondem no seu tépido bolso;
e nem ignora a arte de subtrair o pálio que dum cotovelo descaiu
   e parte muitas vezes coberto com duas capas;
nem se envergonha de, com astúcia, roubar,
   ao escravo que dorme, a luçerna, mesmo acesa.
Se nada rapinou, então em malas-artes envolve
   o seu escravo e surripia-lhe em pessoa, as suas próprias
                                                              [sandálias.[172]

60

As alturas do colosso palatino[173] podias igualar,
   se te tornasses, Cláudia, um pé e meio mais baixa.

61

Está verde de inveja Carino, rebenta, fumega, chora
e procura altos ramos donde se enforque:
não já[174] porque sou cantado e lido no mundo todo,
nem porque ornado de cilindros e cedro[175]
sou divulgado por todos os povos que Roma domina,
mas porque, perto da cidade, tenho uma casa de campo estival
e me faço transportar em mulas não, como antes, de aluguer.

---

[170] Filho de Hermes / Mercúrio (cujo primeiro acto após o nascimento foi fugir do berço e ir roubar umas cabeças de gado a Apolo), Autólico é o ladrão astuto por excelência. Nunca se deixava apanhar, ou porque se tornava invisível, ou porque camuflava o produto dos seus roubos. Pai de Anticleia, é, pois, avô de Ulisses.

[171] V. n. a II 37, 7.

[172] Antes de se reclinarem no *triclinium*, os convivas tiravam as sandálias e confiavam-nas aos respectivos escravos.

[173] V. n. a VIII 44, 7.

[174] Cf. VI 60.

[175] V. n. a III 2, 11.

Que imprecações hei-de dirigir Severo, contra este invejoso?
Isto lhe desejo: que tenha mulas e uma casa de campo.[176]

62
Escreve epigramas Picente nas costas da sua folha,[177]
e queixa-se de, ao compô-los, o deus lhe virar as costas.

63
Aulo ama a Téstilo,[178] mas não é menor a sua flama por
[Aléxis;[179]
e, agora, talvez também o meu Hiacinto[180] ame.
Pois bem: ainda duvidarás que o caro Aulo goste dos próprios
[vates,
quando as delícias dos vates assim ama?

64
Para pedires, Clito, e exigires um presente,
em um único ano nasces oito vezes,
e, cuido, só em três ou quatro
calendas não celebras o teu aniversário.
Poderás ter uma cara mais lisa
que os puídos seixos de praia desolada,
uma cabeleira mais negra que a amora caduca,
<poderás> vencer em palpitante macieza as plumas
ou a massa de leite recém-coalhado,

---

[176] Tão boas como as que eu possuo... A quintarola de Nomento era, de facto, bem humilde. Cf. VI 43, 3-4.

[177] Por ser forreta? Para poupar 'papel' e assim o 'reciclar'? Porque escrevia epigramas tão extensos que não lhe cabiam na folha? Certo, certo, é que a inspiração era nula!

[178] Escravo e favorito de Vocónio Victor (cf. VII 29).

[179] V. n. a V 16, 12. Mas o contexto leva a supor que seria o nome do escravo de um qualquer amigo comum a Marcial e a Aulo Pudente (v. n. a I 31, 3) que também se considerava 'vate'.

[180] Nome bem escolhido para um escravo deste género: Hiacinto suscitou o amor de Tâmiris, aí tendo origem a pederastia. Foi depois amado por Apolo, mas esse amor teve um fim trágico: um dia em que juntamente se exercitavam atirando o disco, por acidente este atingiu Hiacinto / Jacinto na cabeça, e ele morreu. Louco de dor, Apolo imortalizou o nome do jovem fazendo nascer do sangue da sua ferida uma flor até aí inexistente.

e podem os teus mamilos ser túmidos e excitantes
como os que, para o esposo, a inexperta donzela guarda,
que tu, Clito, já velho me pareces.
Quem poderia, com efeito, acreditar que foram tantos
os aniversários de Príamo ou de Nestor?[181]
Tem lá, por fim, vergonha e moderação nas rapinas.
Se continuas a brincar e se nascer uma vez
em cada ano te não basta,
vou pensar, Clito, que não nasceste sequer uma vez.[182]

65

Aqui onde o fulgente templo da Fortuna Recondutora
   irradia o seu brilho, um venturoso espaço, há pouco, havia:
aqui parou, belo com o pó das guerras nórdicas,
   César, a difundir do seu olhar um purpúreo brilho;
aqui, de louro cingida a coma e em cândido traje,[183]
   Roma saudou, com ovações e aplausos, o seu senhor.
O grande mérito do local, atesta-o também uma segunda dádiva:
   ergue-se um sagrado arco e com o triunfo sobre as gentes
                                                      [exulta;
aqui[184] gémeos carros contam elefantes numerosos,
   basta, em efígie de ouro, o imperador para conduzir estes
                                                      [gigantescos jugos.
Esta porta é digna, Germânico, dos teus triunfos;
   esta é a entrada que à cidade de Marte[185] convém.

---

[181] V. n. a II 64, 3.

[182] Parece ser expressão proverbial, significando o desprezo a que se vota alguém (cf. por ex. X 27, 4).

[183] Como em todas as ocasiões solenes, todos usavam a toga, imaculadamente branca, o que significa que são *ciues*, cidadãos de pleno direito. Nos cabelos, os louros, símbolo da vitória celebrada.

[184] A anáfora (vv. 1; 3; 5 e 9) centra a atenção no local onde Domiciano fez erguer o Templo à *Fortuna Redux* em celebração do seu regresso vitorioso das campanhas na *Germania*. Perto dele construiu um Arco Triunfal, justamente no sítio por onde entrara em Roma (vv. 3-6), monumento que Marcial descreve (vv. 9-10) e de que nada resta. Ambas as construções ficavam no Campo de Marte.

[185] V. n. a I 3, 4.

Livro VIII

66

A Augusto, pio incenso e vítimas,
pelo vosso Sílio, ofereçam, Camenas.[186]
César, a principal e única salvação do mundo,
eis que ordena que regressem os doze feixes,[187]
para o consulado do filho,[188] e que, com a nobre vara,
a casa de Castália[189] do vate ressoe.[190]
Ao júbilo paterno algo falta ainda que desejar:
a púrpura ditosa e um terceiro consulado.[191]
Embora o senado tenha dado a Pompeio
e César ao genro as sacras honras,
– os seus nomes três vezes exaltou[192]
o pacífico Jano[193] –, Sílio prefere
contar desta sorte os frequentes consulados.

67

A hora quinta, teu escravo ainda ta não anuncia,[194] e tu
   já, como conviva, Ceciliano, me apareces,

---

[186] Cf. VII 63; v. n. a II 6, 16.

[187] *Fasces* era o nome que se dava aos feixes de varas de olmo ou de bétula que, com uma machadinha no meio, os lictores usavam sobre o ombro esquerdo nos cortejos em que precediam os altos magistrados.

[188] O filho mais velho de Sílio fora eleito cônsul sufecto. Melhor dizendo – e Marcial revela-o com naturalidade (cf. v. 4) – Domiciano indigitou-o como *candidatus Caesaris*, aquele que recebia o seu apoio e, obviamente, acabava por ser eleito. É por isso que pela segunda vez 'os feixes' regressam à casa de Sílio (v. n. a VII 63, 10).

[189] V. n. a IV 31, 6.

[190] Quando o cônsul regressava a casa, um dos lictores que o acompanhavam (v. n. a VII 63, 9) batia à porta com uma *uirga*, a vara.

[191] Isto é: que o filho mais novo de Sílio, Severo, venha também a ser cônsul. Tal desejo não se realizou, pois ele morreu (cf. IX 86).

[192] Pompeio foi cônsul por três vezes, por nomeação do senado. Agripa, genro de Augusto pois casou com sua filha Júlia, também foi três vezes cônsul, após nomeação como *candidatus Caesaris*.

[193] Os cônsules entravam em funções em Janeiro, o mês de Jano. Além disso, os *fasti consulares*, listas com os nomes dos cônsules eleitos ano a ano, conservavam-se no templo de Jano. Quanto ao adjectivo 'pacífico', v. n. a VIII 2, 4.

[194] Havia escravos encarregados de anunciar as horas aos respectivos senhores. Para a conversão destas referências horárias para as nossas, v. n. a I 108, 9.

embora a rouca hora quarta mal tenha suspendido os processos
                                                     [de fiança[195]
e a arena fatigue ainda as feras dos *Floralia*.[196]
Corre, vamos, e chama de volta, Calisto, os servos ainda não
                                                     [lavados;
toca a preparar os leitos:[197] Ceciliano, senta-te.
Tu reclamas água quente, mas a fria ainda não veio.[198]
   De gelo está a fechada cozinha, com a lareira ainda sem lenha.
Vem antes de manhã: porque há-de a hora quinta ficar à tua
                                                     [espera?
   Vens tarde, Ceciliano, para o pequeno–almoço.

68

Quem viu os pomares do rei de Corcira,[199]
   o campo, Entelo,[200] adjacente à tua casa preferirá.
Para que o invejoso inverno não queime os purpúreos cachos
   nem o gélido frio os dons de Baco devore,
protegida vive a vinha por uma transparente película
   e viçosa se deixa cobrir, mas não esconde a uva.
Assim reluz, através de um vestido de seda, o feminino corpo,
   uma pedrinha assim se conta na limpidez da água.
O que não quis a natureza permitir à inteligência humana?
   Ao estéril inverno se ordena que dê lugar aos frutos do outono.

69

Só os velhos, Vacerra, é que admiras
e louvar... só louvas os poetas mortos.

---

[195] *Vadimonia* eram cauções que o tribunal exigia às pessoas envolvidas em determinado processo para assegurar que comparecessem no dia seguinte.

[196] Dos jogos florais, em honra de Flora. Os combates com animais (*uenationes*) tinham lugar de manhã.

[197] V. n. a II 37, 9.

[198] Marcial não tinha água em casa (cf. IX 18).

[199] Alcínoo. V. n. a VII 42, 6.

[200] Trata-se do *a libellis* de Domiciano, o liberto encarregado de receber e dar andamento às petições feitas ao imperador, bem como de se ocupar da sua correspondência. Neste caso, Marcial omite qualquer referência ao seu poder, ficando-se por gabar as maravilhas da técnica aplicadas a uma estufa com que ele dotou as suas vinhas e lhe permitiam colheitas em pleno inverno. Entelo veio a ser um dos conjurados que assassinaram o *princeps* em 96.

Desculpa lá, Vacerra, mas também não é caso,
só para te agradar, de eu ir fazer tijolo.

70

Quanta a calma, tanta é a eloquência do plácido Nerva:[201]
    mas coíbe a força do engenho a sua modéstia.
Embora secar a sagrada nascente do Permesso a plenos goles
    pudesse, comedida preferiu a sede,
de a piéria[202] fronte coroar com delgada coroa
    se contentou, e de não soltar as suas velas aos ventos da fama.
Mas sabe que ele é dos nossos tempos o Tibulo
    quem os poemas do douto Nero conhece.[203]

71

Quatro libras de prata na estação do inverno[204] me
    enviaste, Postumiano, há dez anos;
quando esperava mais – pois manter-se ou crescer devem
    os presentes – só me chegaram mais ou menos duas;
o terceiro e o quarto anos muito menos me trouxeram;
    uma libra tive no quinto, e septiciana[205] para mais;
à escudela de oito onças chegámos no sexto ano;
depois deste, meia-libra sob a forma de uma medida me foi dada;
o oitavo uma colher de sobremesa me enviou, que nem duas
                                          [onças valia;
    o nono apenas uma colher[206] mais leve que uma agulha me
                                          [trouxe.

---

[201] V. n. a V 28, 4.

[202] V. n. a I 76, 3 e 11.

[203] Nerva escrevia elegias: daí o paralelo com Tibulo (v. n. a IV 6, 5), que o próprio Nero teria feito num dos seus poemas. Embora a tradição, que lhe é adversa, tenha rotulado Nero como um mau poeta, a verdade é que os fragmentos chegados até nós não fundamentam juízo crítico tão negativo. Talvez a *damnatio memoriae* tenha arrastado tal censura, que aqui nem o próprio Marcial faz, embora também evidentemente porque se refere a Nerva e ao juízo que o odiado *princeps* fazia sobre ele.

[204] As Saturnais. V. n. a II 85, 2.

[205] V. n. a IV 88, 3.

[206] De novo a gradação decrescente entre *ligula* (v. 9) e *cocleare* (v. 10). V. n. a VIII 33, 25.

Que me possa enviar, já o não tem o décimo ano:
às quatro libras, Postumiano, volta.

72

Ainda não adornado de múrice, nem com a áspera
dentada da árida pedra-pomes polido,[207]
apressas-te, livrinho, a seguir Arcano,
a quem a belíssima Narbona, a Narbona Paterna[208]
do douto Vocieno, ordena que regresse
às funções de juiz e à anual magistratura.
Dois votos paralelos deves formular:
é que encontres ali o teu lugar e neste homem um amigo.
Como gostaria de me tornar no meu próprio livrinho!

73

Istâncio[209] – coração mais sincero não há,
   nem o excede a mais cândida franqueza –,
se queres dar força e ânimo à minha Talia[210]
   e pedes poemas imortais, dá-me a graça de amar.
Cíntia te fez poeta, lascivo Propércio;[211]
   a inspiração de Galo era a bela Licóris;[212]
Némesis formosa é a fama do melodioso Tibulo;[213]

---

[207] V. n. a III 2, 11.

[208] Cidade da Gália, actual Narbonne, para onde Arcano regressava como governador. Entre as funções que lhe cabiam contava-se a administração da justiça (v. 6). Era essa a pátria de Vocieno Montano (v. 5), orador de mérito do tempo de Tibério, que o exilou.

[209] V. n. a VII 68, 1.

[210] V. n. a II 22, 2.

[211] Propércio (c. 50 a.C. – c. 16 d.C.), natural da actual Assis, escreveu quatro livros de elegias. Aí canta a sua amada, atraente e traidora como poucas, sob o nome de Cíntia (cf. XIV 189). Pertenceu ao chamado 'círculo de Mecenas' e apoiou as directrizes culturais e políticas do principado augustano.

[212] Cornélio Galo foi um poeta elegíaco – ao que tudo indica o criador do género em Roma – que colheu grande aplauso na Antiguidade. Apaixonou-se por uma actriz de mimos (v. n. a II 7,3), Citéris, que cantou sob o nome de Licóris. Nomeado primeiro prefeito do Egipto por Augusto, alguns anos depois caiu em desgraça, ao que parece por ter exorbitado das suas funções em gestos de desmedida vaidade, e acabou por suicidar-se.

[213] V. n. a IV 6, 5. Némesis é, porém, o nome sob o qual se 'esconde' a segunda amada do poeta, cantada em três das seis elegias do seu segundo e último livro. Cf. XIV 193.

Lésbia te ditou, douto Catulo,[214] <a poesia>:
nem os Pelignos nem Mântua me desdenharão como poeta,
se uma Corina, se um Aléxis tiver.[215]

74
És agora gladiador, dantes eras oculista,
fazias, como médico, o que fazes como gladiador.[216]

75
De regresso, a altas horas da noite, aos seus penates,[217]
   um Língone, da Coberta e da Flamínia[218] recém-chegado,
bateu com o dedo maior do pé, deslocou o artelho,
   e caiu, com todo o corpo, estatelado no chão.
Que poderia fazer o gaulês, como se poderia mover?
   O gigantesco[219] senhor tinha um escravito,
tão magro que podia a custo trazer uma minúscula lucerna;[220]
   mas o acaso socorreu o infeliz e ajuda lhe trouxe.
Quatro escravos públicos transportavam vil cadáver,[221]
   igual aos milhares que a pira dos miseráveis recebe.
O acompanhante fraquitola com submissa voz lhes suplica
   que, para onde quiserem, o corpo desmaiado levem.
Troca-se a carga e grande volume se ergue
   alto, apertado na estreita padiola.
Este, o único de muitos, Lucano, me parece
   a quem, com razão, 'ó morto gaulês'[222] se pode chamar.

---

[214] V. n. a VII 14, 4.

[215] Pelignos é o nome do povo da pátria de Ovídio, nascido em Sulmão (vulgo Sulmona), num vale dos Apeninos a ocidente de Roma. Mântua é a pátria de Vergílio. V. n. a V 10, 10 e V 16, 12.

[216] Cf. I 30 e 47.

[217] V. n. a I 70, 11.

[218] Vias romanas (v. n. a IV 64, 19). A *uia Tecta*, 'Coberta', ligava a via Flamínia ao Tibre.

[219] Os Língones, como todos os Gauleses, tinham fama de ser corpulentos.

[220] Para lhe alumiar o caminho. V. n. a III 93, 14.

[221] Os cadáveres dos pobres e escravos eram transportados de noite para uma vala comum localizada no Esquilino por escravos que eram pertença do Estado e a quem cabiam justamente os trabalhos mais pesados e infamantes.

[222] Interpretação controversa. Parece ser alusão às palavras com que o reciário, na arena, provocava o mirmilão, o gladiador contra o qual geralmente combatia, e que usava um elmo 'gaulês'.

76

'Diz–me a verdade, Marco,[223] diz–me, por favor;
nada há que eu escute com mais agrado.'
Assim, quando recitas os teus livrinhos,
mas todas as vezes que defendes a causa de um cliente,
sempre, Gálico, me perguntas e imploras resposta.
Difícil é negar-te o que me pedes.
Pois então escuta a verdade das verdades:
a verdade, Gálico, não a escutas de bom grado.

77

Líber, dulcíssimo desvelo dos teus amigos,
 Líber, digno de viver no meio de eternas rosas,
se és sensato, deixa que sempre teu cabelo com assírio amomo
 resplandeça e cinjam coroas de flores a tua cabeça;[224]
transparentes vasos de cristal enegreçam com o falerno[225]
 [envelhecido
e a ternura aqueça o teu voluptuoso leito.
Quem assim viveu, mesmo que tenha morrido na meia idade,
 mais longa tornou a vida do que a que lhe foi dado viver.

78

Os jogos que a vitória de Flegra[226] teria desejado seus,
 que a índica pompa, Lieu, teria desejado teus,[227]
deu-os Estela, para celebrar o hiperbóreo triunfo,[228]
 – oh modéstia! oh devoção! – e cuida que são de pouco vulto.
Não lhe bastam o Hermo, encardido pela turbidez do ouro,
 nem o Tago, cuja fama ressoa pelo mundo fora.[229]

---

[223] É, recorde-se, o *praenomen* do poeta.
[224] É a atitude dos convivas e a filosofia do *carpe diem*.
[225] V. n. a I 18, 6.
[226] A vitória dos deuses sobre os Gigantes, obtida em Flegra, cidade da Macedónia.
[227] V. n. a VIII 26, 8.
[228] Arrúncio Estela (v. n. a I 7, 1) deu, do seu próprio bolso, jogos extraordinários para celebrar a campanha vitoriosa de Domiciano contra os Sármatas (v. n. a VII 6, 1).
[229] V. n. a VI 86, 5.

Livro VIII

Todos os dias conhecem seus presentes: a corda da riqueza
   não pára e sobre o povo muitas são as presas que vão caindo:[230]
ora chovem, em súbito aguaceiro, as lascivas medalhas,[231]
   ora senhas a granel para as feras expostas,
e as aves que se alegram da colheita em regaços seguros,
   que a sorte designou na ausência do senhor, e as salvam da
                                                             [laceração.[232]
Para que contaria eu os carros e os trinta prémios da vitória,[233]
   que nem sempre os dois cônsules costumam oferecer?
Mas tudo, César, é superado pela suprema honra
   de os teus louros te terem como espectador.

79

Todas as tuas amigas são velhas
ou feias e mais repugnantes que as velhas.
Por elas te fazes acompanhar e arrasta-las contigo
por festins, pórticos, teatros.
Assim és formosa, Fabula, assim és menina.

80

Restituis–nos os milagres dos divinos antepassados
   e não toleras, César, que os séculos antigos morram,

---

[230] A *linea diues* era uma corda da qual estavam suspensos determinados presentes, ou então *tesserae*, pequenas placas com a indicação do bem atribuído, que, a dado momento, se balançava sobre os espectadores. Estes – com a confusão que se imagina – tentavam agarrar o que podiam. Alguns exemplos do que se podia ganhar enumeram-se nos vv. seguintes. Em alternativa a esta prática, lançavam-se sobre a assistência as *tesserae*, as fichas. Era o costume dos *missilia*, tanto do agrado da população.

[231] Deve tratar-se de fichas valendo uma entrada grátis no lupanar.

[232] Nos primeiros tempos, atiravam-se sobre a assistência os próprios presentes. Tratando-se de animais ou bens mais frágeis, é fácil de imaginar o que lhes acontecia na disputa pela posse de tais prendas. Foi essa uma das razões de se ter passado ao regime das *tesserae* e é por isso que as aves vão, seguras e intactas, com os novos donos.

[233] Os fabulosos prémios concedidos aos aurigas vencedores das trinta corridas do circo oferecidas por Estela. Note-se o papel da preterição: Marcial finge achar desnecessário continuar a enumeração das atracções dos jogos dados pelo generoso político. A verdade, porém, é que já as lembrou uma a uma, excepto a última e mais importante, com que fecha o epigrama: a presença de Domiciano.

quando se renovam os velhos ritos da arena do Lácio
e luta a coragem com mais despojada mão.[234]
Assim, sob a tua égide, se conservam, nos priscos templos, as
[honras
e a cabana, sob o tão cultuado Júpiter,[235] tem o seu nume;
assim enquanto novos[236] eriges, renovas, Augusto, os
[primitivos:
a ti se devem os que existem e os que existiram.

81

Nem pelos místicos rituais de Dindimene[237]
nem pelo boi da nilíaca novilha,[238]
enfim, por deuses e deusas alguns
Gélia é capaz de jurar, mas pelas suas pérolas.
Afaga–as, cobre–as de beijos,
chama-lhes irmãos, chama-lhes irmãs,
ama–as com mais ardor que aos seus dois filhos.
Se delas, por um acidente, viesse a carecer a pobrezinha
diz que não haveria de viver nem uma hora.
Ai, ai! Que boa caçada agora, Papiriano,
faria a mão de Aneu Sereno![239]

---

[234] Domiciano determinou que os combates de gladiadores voltassem a realizar-se sem armas defensivas, como em tempos mais recuados.

[235] O poeta alude à reconstrução da *casa Romuli*, a cabana de Rómulo, no Capitólio, empreendida por Domiciano, aqui identificado com Júpiter.

[236] Subentenda-se: 'templos'. Domiciano aliou à reconstrução de templos e recuperação de ritos caídos em desuso a construção de novos templos e novos cultos, como o dos seus familiares divinizados.

[237] Cíbele, deusa à qual fora consagrado um santuário em Díndimo, montanha da Frígia.

[238] Osíris e Ísis, deuses egípcios, adorados sob a forma de boi e novilha, respectivamente. Ambas as juras testemunham a devoção, cada vez mais divulgada em Roma e sobretudo entre as mulheres, dos cultos egípcios e orientais.

[239] Passo de interpretação muito controversa, pois não se sabe a quem se refere Marcial: o Aneu Sereno amigo de Séneca (v. n. a VII 45, 2)? Nesse caso, porquê? Outro Sereno, um ladrão especialmente conhecido pela sua cupidez?

Livro VIII

82

Enquanto muita gente te dá, Augusto, livrinhos de lamento,
também eu, ao meu senhor, poemas curtos dou:
sei que um deus pode ter, para o estado e para as musas,
igual vagar e ainda que estas grinaldas te sorriem.
Favorece, Augusto, os teus poetas: nós, a tua glória doce,
nós, o teu cuidado primeiro, as tuas delícias fazemos.
Nem só o carvalho te convém nem o loureiro de Febo:
faça-se também de hera a nossa <coroa> cívica para ti.[240]

---

[240] Tacticamente, Marcial prepara o último pedido do livro: protecção para todos os poetas, a começar, como é óbvio, por ele. Primeiro, lembra que o seu comportamento não é igual ao da turba que fatiga o *princeps* com pedidos; em seguida, chama 'deus' (v. 3) a Domiciano e evoca, a um tempo, as suas qualidades como chefe de Roma e o interesse que sempre demonstrou pela poesia e pelos poetas (v. n. a V 5, 7). Os vv. que concluem o epigrama fecham o encómio com a alusão às coroas que já mereceu – a 'coroa de carvalho', pela sua acção de governante, e a de louros, pelas suas vitórias militares – e a sugestão daquela que está ao seu alcance envergar por pleno direito: a de hera, que os poetas usam, mas também 'cívica', a que se dava aos cidadãos que salvavam outros em momentos de perigo e, depois, ao imperador como salvador de Roma.

EPIGRAMAS
LIVRO IX

LIVRO IX

Ora viva Torânio[1] amigo, tão querido como um irmão. O epigrama, que vai solto desta série das páginas, escrevi-o para Estertínio,[2] varão muito ilustre, que, na sua biblioteca, quis colocar o meu retrato. Afigurou-se-me que te devia falar disto, para não ignorares a quem me dirigi pelo nome de Avito. Adeus... e prepara-te para me hospedar.

Ó vate famoso, mesmo sem o desejares, de sublimado estro,
   a quem merecido prémio hão-de dar as tardias cinzas,
viva para ti este breve carme sob o meu retrato,
   que juntas, Avito, aos de varões não obscuros:
"Eu sou aquele a ninguém segundo na glória das bagatelas,
   a quem não dás a admiração, leitor, mas, julgo eu, a simpatia.
Os maiores, maiores poemas entoem: a mim, que de pequenos
                                                [temas falo,
   me basta regressar amiúde às tuas mãos."

1
Enquanto Jano, os invernos;[3] Domiciano, os outonos;[4]

---

[1] O amigo convidado para o modesto mas generoso jantar de V 78.
[2] V. n. a I 16, 2.
[3] Jano dava o nome ao mês de Janeiro.
[4] Domiciano deu o nome de *Germanicus* a Setembro, por ter sido nesse mês (dia 13) que se tornou imperador (e ainda porque fora em Setembro que derrotara os Germanos e assumira oficialmente o título de *Germanicus*, cf. vv. 3-4), e de *Domitianus* a Outubro, mês em que nascera. Essa alteração vigorou apenas enquanto foi vivo.

Augusto, os estios;⁵ ajustarem aos anos;
enquanto se ligar o grado nome do Reno dominado
ao magnífico dia das calendas de Germânico;⁶
enquanto se elevar a rocha Tarpeia do supremo pai;⁷
enquanto,⁸ suplicantes, com a voz e com incenso
as matronas aplacarem da diva Júlia⁹ o grato nume:
se há-de manter no cume a glória da família Flávia,¹⁰
com o sol e as estrelas e com a luz de Roma.
Quanto elevou a mão invicta é pertença do céu.¹¹

2

Pobre embora para os amigos, Lupo, não o és para a amante,
   e só o teu vergalho de ti se não queixa.
Engorda essa pega com pães pachachóides,¹²
   negra farinha come o teu convidado;
para a dama se filtram sécias de inflamar a neve,¹³
   bebemos nós turvos copos de corso veneno;¹⁴
compraste uma noite, e não toda, com a fazenda paterna,
   um camarada desvalido ara um campo que não é seu;
refulge a rameira, reluzente de eritreias gemas,¹⁵
   é preso por dívidas, enquanto fodes, um cliente;
uma liteira, levada por oito sírios, à cachopa é dada,
   um amigo numa padiola¹⁶ será um peso nu.

---

⁵ O mês de Agosto (*Augustus*) recebera um novo nome em homenagem ao imperador Augusto. Anteriormente denominava-se *Sextilis*, por ser o 6º do ano (recorde-se que, em tempos recuados, o ano começava em Março). O mês *Quintilis* também mudara de nome em honra de Júlio César (*Iulius* > Julho).

⁶ O dia 1 de Setembro. V. n. a III 6, 2 e *supra*, v. 1.

⁷ O templo a Júpiter Capitolino (v. n. a VI 4, 3), junto à rocha Tarpeia (v. n. a IV 54, 1).

⁸ A iteração de *dum*, 'enquanto', sublinha os pressupostos em que assenta a glória dos Flávios e de Roma.

⁹ V. n. a VI 3, 6.

¹⁰ Alusão ao *templum Gentis Flauiae* (v. n. a VI 4, 3).

¹¹ O que Domiciano, deus e invencível, concebeu é imortal.

¹² Pães com formas obscenas, como também documenta XIV 70.

¹³ V. n. a IV 64, 34 e II 1, 10.

¹⁴ Daqui se deduz que o vinho da Córsega era autêntica zurrapa.

¹⁵ As pérolas. V. n. a VI 37, 4.

¹⁶ A *sandapila* (v. n. a II 81, 2) em que é transportado à vala comum dos pobres (v. n. a VIII 75, 9).

Anda agora, Cíbele, e mutila os maricas desgraçados,
este sim, este vergalho é que merecia as tuas facas.[17]

3

Quanto aos altos deuses, César, e ao céu já deste,
se o reclamares e se credor quiseres ser,
ainda que grande hasta no etéreo Olimpo se faça
e se forcem os deuses a vender quanto têm,
abrirá falência Atlas[18] e nem um duodécimo haverá
do que a ti deve saldar o próprio pai dos deuses.
Os templos do Capitólio, como pagar te poderá?[19]
Como poderá pagar a glória da tarpeia coroa?[20]
E as duas cúpulas a esposa do Tonante?[21]
De Palas calarei: dos teus assuntos cuida ela.[22]
Que dizer do Alcides e de Febo e dos devotos Lacónios?[23]
E do templo dos Flávios ao céu latino acrescentado?[24]
É preciso, Augusto, que esperes e concedas moratória:
pois o baú de Jove não tem com que te pague.

4

Se por duas moedas de ouro se pode foder Gala,
e mais do que foder, acrescentando outro tanto,
porque aceita de ti, Ésquilo, dez moedas de ouro?
Tão caro não faz Gala a mamada. O quê então? Fica calada.

---

[17] V. n. a II 45, 2 e III 47, 4.

[18] V. n. a VII 74, 6.

[19] V. n. a VI 10, 2.

[20] A coroa de folhas de carvalho dos Jogos Capitolinos (v. n. a IV 1, 6).

[21] Dois templos, de identificação controversa, a Juno, esposa de Júpiter.

[22] V. n. a VIII 1, 4. No Campo de Marte, Domiciano dedicou a Minerva o templo a *Minerua Chalcidicia*. Repare-se como a figura de estilo da preterição sublinha como é desnecessário esmiuçar os aspectos da relação privilegiada que Minerva e Domiciano mantêm.

[23] Domiciano erigiu um templo a Hércules (= Alcides, v. n. a V 65, 2) na via Ápia, onde colocou uma estátua do deus com os seus próprios traços fisionómicos; restaurou o templo a Febo (= Apolo) no Palatino (além de ter erigido um outro santuário em Delfos); reconstruiu o templo a Castor e Pólux (v. n. a I 36, 2), no Foro Romano, atingido por um incêndio no tempo de Nero (ainda hoje se podem ver colunas deste templo).

[24] V. n. a VI 4, 3 e *supra* 1, 8.

5

A ti, supremo vencedor do Reno e pai do orbe,
casto príncipe, as urbes te dão graças:
vão povoar-se de gente; parir já não é crime.
Não mais o moço, mutilado por arte de negreiro avaro,
lamentará a ruína da virilidade arrancada,
e o lucro que garante o proxeneta arrogante
não o dará a pobre mãe à criança prostituída.
O pudor outrora ausente, antes de ti, até do leito conjugal,
passou a estar presente, graças a ti, no próprio lupanar.[25]

6

Quando regressaste, Afro, de entre as gentes da Líbia,[26]
   cinco dias a fio te quis dar os 'bons-dias'.[27]
'Está ocupado' ou 'a dormir', duas, três vezes, me disseram de
[volta.
   Já chega. Não queres os 'bons-dias', Afro? Adeus![28]

7

Como se pequena fosse a ofensa ao nosso sexo,
   prostituir ao povo os machos desonrados,
até no berço eram do proxeneta; embora, ao peito roubado,
   o menino só com vagidos pedisse o vil dinheiro:
sofriam castigos incríveis os corpos não formados.
   Tais enormidades não tolerou o pai ausónio,[29]
ele que aos efebos tenros há pouco prestou socorro,
   para a cruel lascívia não criar homens estéreis.
Já te amavam os meninos e os jovens e os velhos:
   mas agora, César, até os bebés te amam.

---

[25] V. n. a II 60, 4; VI 2, 1 e 2; VI 4, 5.

[26] V. n. a II 56, 1. O nome deste patrono que Marcial 'despacha' após cinco dias de goradas *salutationes* (cf. v. 2 e n. a I 55, 6) é bem escolhido (*Afer* = natural da *Africa*) e denuncia a sua origem servil.

[27] O latim tem *haue*, fórmula de saudação, de cumprimento. Veja-se o contraponto com a despedida do v. 4 (cf. n. seguinte).

[28] O original diz: *Vale*. Era essa a suprema despedida, o que se dizia aos que morriam. Para Marcial, Afro é, a partir de agora, como se estivesse morto.

[29] Domiciano, o senhor de Roma (mas a designação 'pai', *pater*, assume particular significado quando se evocam as leis que proibiam a castração e a prostituição de crianças).

Livro IX

8

Nada te deixou Fábio; e tu lhe davas, Bitínico,
se me não falha a memória, seis mil sestércios por ano.
Mais não deixou ele a ninguém: não te queixes, Bitínico!
Seis mil por ano te deixou ele a ti.

9

Embora jantes fora, Cântaro, com prazer;
pões-te a bradar e a maldizer e ameaçar.
Põe mas é de lado esse mau génio, é o meu conselho:
livre e guloso ao mesmo tempo é que não podes ser.

10

Queres casar com Prisco; não me admiro, Paula: tens olho.
Casar contido Prisco não quer: olho também ele tem.

11

O nome,[30] com violetas e rosas nascido,
com que se nomeia do ano a melhor parte,[31]
que tem o sabor do Hibla e de áticas flores,[32]
que tem o olor do ninho da ave soberana;[33]
nome mais doce que o néctar divino,
apelido que mais quereria o efebo de Cíbele
e o que faz a mistura nas taças do Tonante,[34]
ao qual, se entoado no átrio parrásio,[35]

---

[30] Primeiro de um ciclo de seis epigramas (11; 12; 13; 16; 17; 36) dedicado a Flávio Eárino, o escanção de Domiciano e também seu *puer delicatus*, favorito que ocupou no coração do *princeps* um duradouro lugar de eleição. Também Estácio não deixou de o cantar (*Siluae* III 4) e é por ele que sabemos que o belo e jovem Eárino era *spado*, i. e. fora castrado antes do edicto de Domiciano que proibia tal prática.

[31] A Primavera, em grego ἔαρ, é o que dá origem a ἐαρινός, 'primaveril' e ao nome do jovenzinho.

[32] O sabor a mel. V. n. a II 46, 1.

[33] A fénix. V. n. a VI 55, 2.

[34] Átis e Ganimedes, respectivamente (v. n. a V 41, 2 e I 6, 1). Delicada forma de referir a castração do jovem e as relações que mantinha com Domiciano, bem como a sua função de escanção junto do Tonante de Roma (v. n. a VII 56, 4).

[35] V. n. a VII 56, 2.

respondem as Vénus e os Cupidos;³⁶
nome nobre, terno, delicado,
com versos não rudes eu o queria cantar,
mas tu, teimosa sílaba, rebelde te mostras.³⁷
Pronunciam Eiarino, todavia, poetas,
mas só os gregos, a quem nada se proíbe
e se permitem cantar Ἄρες Ἄρες :
não nos é lícito tamanho atrevimento,
pois cultivamos Musas muito rigorosas.

12

Tens um nome que evoca a amena estação do ano,
   em que as cecrópias abelhas³⁸ pilham a breve primavera:
nome que merecia a tinta do cálamo acidálio,
   que apraz à Citereia com a sua agulha escrever;
nome de gravar a letras de pedras eritreias,³⁹
   ou a gemas polidas do polegar das Helíades;
de elevar aos céus nas asas dos grous escrito;⁴⁰
   residir só pode na mansão de César.

13

Se o outono me desse o nome, Oporino eu seria;
   se os frios astros do inverno, Quimerino;

---

³⁶ Eco de Catulo (3, 1) a consolidar a imagem de beleza e juventude de Eárino, bem como os sentimentos do *princeps* para com ele.

³⁷ Marcial quer louvar *Earinus* mas não lhe pode pronunciar o nome porque em nenhum dos metros que usa nos epigramas cabe a quantidade da sua primeira sílaba (breve). Por isso, só lhe resta sugeri-lo por alusão ao seu fascínio natural, como fez nos vv. anteriores, e pela referência à possibilidade de, na poesia grega, a quantidade métrica de uma sílaba ser breve ou longa (cf. v. 15), hipótese que ele gostaria de ter na mais rígida métrica da sua língua, mas que aproveita para dizer, com pequena alteração, o nome do homenageado.

³⁸ V. n. a I 25, 3 e VII 88, 8.

³⁹ Vénus (v. n. a VI 13, 5 e VIII 45, 7) decerto gostaria de escrever ou de bordar com pérolas (v. n. a V 37, 4) e âmbar (v. n. a IV 32, 1) o nome de Eárino.

⁴⁰ A primeira letra de *Ver* (Primavera, em latim, equivalente de ἔαρ em grego) dizia-se ter sido inventada por Palamedes, o engenhoso herói grego que descobriu a artimanha de Ulisses para escapar à guerra de Tróia. Teria inventado o Y (transposto para latim como V) ao observar o voo dos grous.

Com o nome do mês estivo, Terino me chamariam:
a quem dá o nome a primavera, quem é?[41]

14
Este tipo que a tua mesa, o teu jantar tornou amigo,
julgas que é fiel, do coração, à amizade?
Amigo sim do javali e salmonetes e tetas de porca e ostras, não
[de ti.
Se eu jantar assim tão bem, meu amigo ele será.

15
No túmulo dos sete maridos escreveu a celerada Cloe:
"É obra minha".[42] Não podia ser mais sincera!

16
Um espelho,[43] conselheiro da beleza, e doces cabelos,
como sacros, ao deus de Pérgamo ofereceu
o menino que ao seu senhor é grato mais que a corte inteira,
e que assinala com seu nome o tempo primaveril.[44]
Afortunada a terra honrada de tal presente!
Nem de Ganimedes preferia ter a cabeleira.

17
Venerando neto de Latona, que com ervas gentis
refreias a trama e os velozes fusos das Parcas,[45]
estes cabelos, do senhor louvados, para ti ex-voto raro,
da Urbe do Lácio tos envia aquele teu jovem patrício;
e, com os divinos cabelos, um disco espelhante,

---

[41] Espécie de charada para sugerir o nome do favorito de Domiciano, por referência aos adjectivos gregos ὀπωρινός, 'outonal'; χειμερινός, 'invernoso' e θερινός, 'estival'.

[42] Nos túmulos era vulgar o registo de quem mandara erguer o monumento. É essa a perspectiva de Cloe. Mas o poeta vê mais longe...

[43] Os 'espelhos' romanos eram em metal polido ou em materiais que reflectissem a imagem, como a fengite.

[44] Eárino, cf. *supra* 11; 12; 13. O jovem era natural de Pérgamo, onde havia um santuário a Esculápio (Asclépio, em grego). É a esse deus que ele consagra os cabelos cortados pela primeira vez (cf. I 31 e notas) e um 'espelho'.

[45] Esculápio, deus da medicina, capaz portanto de prolongar a vida (v. n. a I 88, 9), era filho de Apolo e, por conseguinte, neto de Latona e Zeus.

que foi juiz constante da ventura do seu rosto.
Guarda-lhe a juvenil graça, para mais belo não ser
de longos cabelos que de cabeleira aparada.

18

Possuo – e longo tempo possua sob teu governo, César –
uma granja minúscula e uma pequena casa na Urbe.
Mas para regar, de um pequeno fosso, o sitibundo jardim
eleva uma água afanosa a bomba toda arqueada.
Seca se queixa a minha casa sem a graça de um orvalho,
ressoe embora vizinho o cantar da fonte Márcia.[46]
A água que ofereceres aos meus penates, Augusto,[47]
Castália para mim será ou chuva de Júpiter.[48]

19

Com versos trezentos louvas os banhos
de Pôntico onde se janta bem, Sabelo:
Tu queres é um jantar, Sabelo, não um banho!

20

Toda esta extensão de mármore e oiro guarnecida,
testemunhou a vida do Senhor, quando menino.[49]
Oh ditosa! com que nobres vagidos ressoou
e que mãos vigiou e susteve ao gatinharem!
Aqui se elevava a casa veneranda que ao mundo ofereceu
o que Rodes e a devota Creta ao estelífero céu.[50]

---

[46] Satisfazer o pedido do poeta – água canalizada para a sua morada em Roma – nem será difícil ou custoso, já que bem perto passa a *Aqua Marcia*, um dos aquedutos de Roma, construído no séc. II a.C.

[47] V. n. a I 70, 11. O pedido não deve ter sido atendido, já que não há nenhum agradecimento de tal benesse, como mandariam as regras. Cf. VI 10, outra tentativa falhada de apoio material vindo do *princeps*.

[48] Fonte de inspiração (v. n. a I 76, 11) e sinal do poder de Domiciano, identificado com Júpiter. Recorde-se que foi sob a forma de chuva que o deus supremo se introduziu na cela subterrânea em que Dánae fora encerrada por seu pai, para se unir a ela e conceber Perseu.

[49] O *templum gentis Flauiae* (v. n. a IX 1, 8) foi erguido no local onde Domiciano nascera, no Quirinal.

[50] Rodes era a pátria de Hélio / Sol e Creta a de Júpiter / Zeus (v. n. a IV 1, 2).

Livro IX

Ocultaram Jove os Curetes com o retinir das armas:
  as que empunhar podiam estes frígios eunucos.[51]
Ora o teu protector foi o pai dos altos deuses[52] e por ti, César,
  em vez do dardo e do escudo, velava o raio e a égide.[53]

21

Artemidoro tem um efebo, mas vendeu um terreno;
  um terreno em vez do efebo tem Caliodoro.
Diz-me, Aucto, destes dois, qual fez melhor negócio:
Artemidoro encava; Caliodoro cava.

22

Julgas, Pastor, talvez que também peço riquezas
  para o que o povo e a multidão bruta as pedem:
para que as agras de Sécia[54] me consumam as enxadas
  e ressoe o campo toscano com incontáveis grilhões;[55]
para ter cem mesas mouras em dentina líbia[56] assentes
  e lâminas de oiro a ressoar nos meus leitos;
para não gastar meus lábios senão em jarrões de cristal
  nem tingir de negro a neve senão com o falerno;[57]
para suar sob o meu assento um sírio vestido em Canúsio[58]
  e ter muitos clientes catitas a seguir a minha léctica;[59]

---

[51] Os Curetes eram um povo semi-divino de Creta ao qual Reia, mãe de Zeus, confiou o filho para o esconder do pai, Crono, que pretendia devorá-lo como fizera a todos os outros para não vir a ser deposto por um herdeiro. Os Curetes abafavam os vagidos do bebé dançando em volta dele e batendo com as armas. Surgem amiúde confundidos com os Coribantes (v. n. a I 70, 10), seguidores de Cíbele, a mãe dos deuses (por isso muitas vezes assimilada a Reia).

[52] V. n. a V 1, 8 e VI 10, 2

[53] Júpiter e Minerva. V. n. a V 55, 2 e VI 10, 11.

[54] V. n. a IV 64, 34.

[55] Os grilhões dos escravos que trabalhavam os campos.

[56] As mesas em madeira preciosa do norte de África, com pés de marfim. V. n. a II 43, 9.

[57] V. n. a II 1, 10 e I 18, 5.

[58] Cidade da Apúlia, célebre pela lã dos seus rebanhos (cf. XIV 127; 129), bastante resistente. É, pois, natural que dela seja feita a roupa do escravo sírio que carrega a liteira.

[59] V. n. a II 74, 1.

para o conviva, já toldado, se abrasar pelo meu servo,
    que nem por Ganimedes[60] trocar desejarias;
para manchar na mula suja as lacernas de Tiro[61]
    e ser um chicote massilo a guiar o meu cavalo.[62]
Nada disto: invoco o testemunho dos deuses e dos astros.
    Para quê então? Para presentear, Pastor, e edificar.[63]

23

Tu, a quem tocou ser fulvo do ouro da virgem,
    diz-me onde tens, Caro, o galardão de Palas?[64]
"Ora vês refulgir no mármore o rosto do Senhor?
    Por si se deslocou a minha coroa para esta cabeleira."
Ciúmes da oliveira albana deve ter o carvalho sacro,
    porque antes cingira ela a cabeça invencível.

24

Quem, na imitação dos traços do rosto palatino,
    venceu o marfim de Fídias com o mármore do Lácio?[65]
Esta é a face do mundo; este o sereno ar de Jove.
    Assim troveja aquele deus, quando sem nuvens troveja.[66]
Não foi só a coroa, Caro, que Palas te ofereceu;
    do Senhor, que veneras, a imagem te deu.

---

[60] V. n. a I 6, 1.

[61] De cor púrpura, vinda de Tiro, cidade fenícia. V. n. a II 43, 7. Quem é rico não tem qualquer problema em sujar ou estragar as melhores roupas...

[62] V. n. a VIII 53, 1. O cocheiro seria, pois, um escravo dessas paragens.

[63] Conclusão de interpretação ambígua. No sentido positivo: para ajudar os amigos e construir para o bem comum; em sentido irónico: para fazer como era hábito dos ricaços de então, sempre a construir e a criar fundações...

[64] Caro ganhou a coroa de folhas de oliveira em ouro, prémio concedido aos vencedores dos jogos Albanos, e preparava-se para levar de vencida os jogos Capitolinos (v. n. a IV 1, 5 e 6; V 1, 1) na sessão seguinte (cf. vv. 5-6). Caro era decerto um dos apoiantes do programa cultural de Domiciano, o que lhe favoreceu a vitória e justifica o gesto que teve ao colocar a coroa num busto que possuía do senhor de Roma (cf. vv. 3-4). Note-se o pormenor da adulação: a coroa deslocou-se sozinha para pousar nos cabelos do busto, reconhecendo a essência divina de Domiciano.

[65] O busto de Domiciano referido no epigrama anterior. V. n. a VII 56, 2 e 3.

[66] Domiciano é igual a Júpiter, mas sem as habituais manifestações de cólera ou desagrado do pai dos deuses. Isto é: o único aspecto que o distingue de Júpiter é a bonomia.

Livro IX

25

Sempre que admiro o teu Hilo a servir o vinho,
   atentas, Afro, com um olhar furibundo.
Qual é o crime de admirar, diz-me, o delicado escanção?
   Admiramos o sol, os astros, os templos, os deuses.
Hei-de virar a cara, como se fosse a Górgone
   a estender-me o copo,[67] e hei-de tapar os olhos e a face?
Violento era o Alcides, e deixava que olhassem Hilas;[68]
   é permitido a Mercúrio brincar com Ganimedes.[69]
Se não queres que o convidado olhe os tenros escanções,
   trata de convidar, Afro, mas é Fineus e Édipos.[70]

26

Quem ao facundo Nerva se atrever a enviar versos,[71]
   aroma pálido de gláucia te oferecerá, Cosmo;[72]
ao camponês de Pesto, violetas e branca alfena;[73]
   às abelhas do Hibla dará o mel da Córsega.[74]
Contudo até a Musa humilde não deixa de ter graça;
   mesmo servido um robalo, apetece a azeitona vil.
E não te admires se, da modéstia do vate ciente,
   a minha Talia[75] tiver medo ao teu juízo.
Diz-se que até o próprio Nero o teu ouvido receou,
   quando, jovem, diante de ti cantou uma obra brejeira.

27

Tu, que trazes, Cresto, depilados os tomates
   e o teu vergalho como pescoço de abutre

---

[67] V. n. a VI 10, 11.
[68] V. n. a V 65, 2 e V 48, 5.
[69] V. n. a VII 74, 2 e 4.
[70] Ambos cegos... Fineu era um rei adivinho da Trácia que privara os filhos da vista, por calúnia da madrasta destes. Como agira sem fundamento, os deuses castigaram-no com a cegueira. Édipo, como é sabido, cegou-se quando se deu conta de que matara o próprio pai e casara com a mãe, Jocasta, de quem tivera quatro filhos.
[71] V. n. a VIII 70, 1 e 8.
[72] Uma simples 'colónia' de plantas ao perfumista das mais afamadas essências (v. n. a I 87, 2).
[73] V. n. a IV 42, 10.
[74] Pelos vistos, tão mau como o seu vinho. V. n. a II 46, 1 e IX 2, 6.
[75] V. n. a II 22, 2.

e mais lisa a cabeça que o cu de um paneleiro,
e nem um só pêlo em tuas pernas subsiste,
e o martírio da pinça te cuida dos lábios pálidos[76]
– dos Cúrios, Camilos, Quíncios, Numas, Ancos,[77]
e de todos os peludos das nossas leituras[78]
falas e bradas, solene, com discurso de ameaça
e andas em contenda com os teatros[79] e os tempos.
Mas se entrementes te aparece um enrabador,
que já esteja libertado do jugo do preceptor
e desafivelado pelo ferreiro[80] o pau já com tesão,
com um aceno leva-lo dali e tenho pejo de dizer
o que fazes tu, Cresto, com essa língua de Catão.[81]

28

Grato adorno da cena, glória dos jogos, sou Latino:[82]
   aquele do teu aplauso e das tuas delícias;
eu que podia fazer de Catão um espectador,[83]
   descontrair a sisudez dos Cúrios e dos Fabrícios.[84]

---

[76] V. n. a II 29, 6 e III 74, 1.

[77] Heróis romanos, modelo de austeridade e bons costumes. V. n. a I 24, 3; III 62, 2 e VI 47, 3. Quíncio é Cincinato, o herói do séc. V a.C. que foram buscar à sua propriedade para que assumisse a ditadura e salvasse a pátria de grave perigo. Encontraram-no lavrando ele próprio os seus campos. Vencidos os Équos dezasseis dias depois de ser ditador, resignou e regressou de imediato às suas terras e aos trabalhos agrícolas. Anco Márcio foi o 4º rei de Roma.

[78] Sem dúvida nas recolhas de *exempla* por onde se estudava, por exemplo a de Valério Máximo, escrita no início do séc. I.

[79] Na altura, o teatro era frequentemente lugar de representações muito pouco decentes.

[80] Tirada a *fibula*, usada também por vezes por adolescentes. V. n. a VII 82, 2.

[81] Tanto pode referir-se a Catão Censor como a Catão de Útica, bisneto do primeiro, já que ambos são modelos de reconhecida probidade e conduta moral. V. n. 5 a I *praef.* e a I 8, 1; V 51, 5.

[82] V. n. a I 4, 5. O epigrama parece destinado a um busto do actor, ou pode ser um epitáfio poético.

[83] V. n. 5 a I *praef.* Marcial empenha-se em mostrar que Latino, embora actor de mimos, género entre todos desbragado, recheado de situações de moral duvidosa e de alusões sarcásticas à realidade sócio-política, sempre pautou a sua vida pelas normas da decência e da honestidade.

[84] V. n. a VII 68, 4.

Livro IX

Não se inspira a minha vida no nosso teatro,
e minha fama de actor só a devo ao talento.
Ao Senhor não pudera, sem probidade, agradar:
sonda aquele deus as consciências por dentro.[85]
Chamai-me vós "parasita de Febo laurígero",[86]
desde que saiba Roma que é ao seu Jove que eu sirvo.

29

Depois de excederes, Filene, em gerações o velho Nestor,[87]
arrastou-te Dite[88] tão rápido para as águas infernais?
Não era ainda tão longo como o da Sibila da Eubeia[89]
o teu tempo de vida: ela era três meses mais velha.
Ai que língua se calou! Nem mil bazares de escravos
a venceriam, nem a turba dos fiéis de Serápis,[90]
nem a turma aos caracóis dos professores matinais,[91]
nem o bando que ressoa nas margens do Estrimão.[92]
Quem saberá agora baixar a lua com o rombo da Tessália?[93]
Que alcoviteira saberá vender esta ou aquela cama?
Que a terra te seja leve[94] e suave areia te cubra,
para não impedir os cães de desenterrar os teus ossos.

---

[85] Além da legislação moralizadora e da proibição da divulgação de qualquer libelo difamatório, Domiciano tomou medidas rigorosas contra os mimos, que foram proibidos de se exibir nos teatros públicos, ficando confinados aos teatros privados, às representações em casa de particulares.

[86] Assim eram chamados os actores de mimos, inclusivamente agrupados em associação com esse nome.

[87] V. n. a II 64, 3. Nestor viveu mais de três gerações humanas.

[88] Deus do mundo subterrâneo, assimilado a Plutão, deus dos infernos.

[89] A Sibila de Cumas (uma colónia de Cálcis, na Eubeia) já tinha mais de setecentos anos quando Eneias a consultou.

[90] Nos mistérios de Ísis, os seguidores desse culto egípcio davam grandes lamentos no momento da descoberta do corpo de Osíris (Serápis é a forma helenizada do egípcio Osíris + Ápis). O culto de Ísis espalhou-se por todo o império romano desde princípios do séc. I.

[91] As escolas começavam de manhãzinha bem cedo.

[92] O bando de grous que, das margens do rio Estrimão, na Trácia, levantam voo para migrarem.

[93] Prática mágica atribuída às feiticeiras da Tessália, pátria por excelência de magas e bruxas. O rombo era uma espécie de fuso utilizado em práticas mágicas e encantatórias.

[94] V. n. a V 34, 10. Mas a intenção não é aqui piedosa.

30

Nas cruéis paragens da Capadócia Antístio Rústico[95]
  morreu. Ó terra culpada de funesto crime!
Trouxe os ossos do caro esposo Nigrina em seu regaço
  e lamentou-se de o caminho não ser longo que chegasse.
E ao entregar a sacra urna ao túmulo que invejava,
  era como se, arrebatado o esposo, duas vezes viuvasse.

31

Quando, companheiro de César, combatia os povos arctoos,[96]
  desta ave fez voto Vélio,[97] pelo comandante, a Marte;
ainda não contara a lua duas vezes quatro voltas,
  e já o deus reclamava o voto que lhe era devido:
o próprio ganso, alegre, para o seu altar se apressava,[98]
  e morreu, pequena vítima, sobre o fogo sagrado.
Vês oito moedas[99] suspensas do bico aberto do volátil?
  Estas ainda há pouco nas entranhas se ocultavam.
Quem por ti vaticina, César, com prata, não com sangue,
  é vítima que te ensina que já não é preciso a espada.

32

Quero uma que seja fácil, que só de capa passeie,[100]
  quero uma que já antes a deu ao meu escravo;
quero uma que faça tudo ao preço de dois denários,
  quero uma que aguente com três ao mesmo tempo.

---

[95] Cf. IV 75. Antístio Rústico teve carreira política de relevo, culminando com o consulado em 90 e o proconsulado na Bética. Por fim, foi *legatus* de Domiciano na província da *Capadocia-Galatia*, onde morreu, possivelmente em 94. Há notícias de que era um bom e honesto governador.

[96] Os povos do norte, neste caso os Sármatas.

[97] Poderá tratar-se de Vélio Paulo, que acompanhou Domiciano nessa campanha e, mais tarde, foi procônsul da Bitínia.

[98] Como a coroa de IX 23, espontaneamente, tanta a alegria de ser imolado no cumprimento de tal voto. O ganso anda associado à salvação de Roma, pois foram os gansos que se criavam no recinto do santuário de Juno que, em 390 a.C., deram sinal de que os Gauleses escalavam o Capitólio a coberto da noite, evitando assim que o coração da cidade fosse tomado e Roma caísse nas mãos do inimigo.

[99] Uma por cada mês que durou a campanha (cf. v. 3). Marcial descreve decerto uma pintura ou baixo-relevo representando o facto.

[100] Preparos denunciadores de vida fácil e costumes leves.

Livro IX

À que pede alto preço e recita palavras caras,
que a monte um vergalho da crassa Burdígala.[101]

33
Quando ouvires, Flaco, em umas termas[102] bater palmas
fica a saber que ali está o vergalho de Marão.

34
Troça Jove do embuste do seu sepulcro do Ida,[103]
　por ver do augusto firmamento o templo dos Flávios,[104]
e, no meio do banquete, já bem bebido de néctar,
　quando até já passava as taças ao seu Marte,
olhando ao mesmo tempo para Febo e para a irmã,[105]
　junto aos quais estava o Alcides e o árcade piedoso.[106]
"Vocês elevaram-me", disse ele, "um monumento em Cnosso:[107]
　vejam quanto mais não vale de César ser pai."

35
O jantar ganhas, Filomuso, sempre com os mesmos ardis,
　inventas patranhas aos montes, mas conta-las como reais.
Sabes as decisões de Pácoro[108] no palácio dos Arsácidas;
　do Reno e da Sarmácia as forças enumeras;
os termos do rei dos Dácios das cartas tu desvelas;
　já antes de chegar, vês o louro da vitória;
sabes as vezes que o Jove de Faros[109] inunda a negra Siene;

---

[101] Hoje, Bordéus. Os seus habitantes teriam fama de escassa inteligência.

[102] V. n. a I 23, 4.

[103] Em Creta, no monte Ida (v. n. a IV 1, 2), mostrava-se um sepulcro que se dizia ser o de Zeus / Júpiter. Ora, como pode um deus imortal ter um túmulo? Recorde-se que as teorias evemeristas davam explicação para questões como essas. Além disso, os Cretenses tinham fama de mentirosos...

[104] V. n. a IX 3, 12.

[105] Apolo e Ártemis, sua irmã gémea.

[106] Hércules (v. n. a V 65, 2) e Mercúrio, nascido no monte Cilene (v. n. a VII 74, 2). São todos filhos de Júpiter, embora apenas Marte seja fruto do casamento com Juno.

[107] Capital de Creta. Aí se localizava o famoso Labirinto do Minotauro.

[108] Rei dos Partos, da dinastia dos Arsácidas, descendentes de Ársaces.

[109] O Nilo, identificado com Osíris e Júpiter.

sabes o número de popas que largam da costa Líbia;[110]
para que fronte desponta a oliveira de Iulo;[111]
para quem o pai celeste destina a sua coroa.[112]
Deixa-te de artimanhas; vens jantar hoje a minha casa,
na condição, Filomuso, de não contares novidades.

36

Ao ver o escanção ausónio[113] de cabelo cortado há pouco,
    disse o jovem frígio,[114] noto enlevo do outro Jove:[115]
"Estás a ver o que o teu César permitiu ao favorito;
    permite-o também ao teu, ó supremo senhor.
Já a longa cabeleira me oculta a penugem primeira,
    já de mim troça a tua Juno e másculo me chama."[116]
"Ó rapazinho dulcíssimo", lhe respondeu o pai celeste,
    "não sou eu, é a situação a recusar o que pedes:
escanções iguais a ti tem o nosso César mil
    e o grande palácio[117] mal abarca os jovens celestiais,
mas se o corte do cabelo te der um rosto viril,
    que outro me restará para misturar o néctar?"

37

Embora, mesmo em casa, no meio da Suburra[118] te adornes,
    e te façam, Gala, o cabelo que não tens,
e tires os dentes à noite, como o vestido de seda,
    e te deites encoberta por um cento de boiões,
e não durmas com a tua cara, ousas fazer-me sinal,
    com esse teu aspecto que te deram de manhã,

---

[110] V. n. a I 86, 7; V 13, 7 e II 56, 1. Eram as regiões do norte de África donde vinha a maior parte do cereal que abastecia Roma.

[111] Quem vai ganhar os jogos Albanos (v. n. a IV 1, 5 e V 1, 1). Iulo (Ascânio, v. n. a VI 3, 1) era o fundador de Alba.

[112] Quem irá ganhar os jogos Capitolinos (v. n. a IV 1, 6).

[113] Eárino. Cf. IX 11; 12; 13; 16; 17.

[114] Ganimedes, que era troiano. V. n. a I 6, 1.

[115] Registe-se a hierarquia estabelecida por 'outro': o Júpiter do céu passa para segundo plano perante o deus de Roma, Domiciano.

[116] V. n. a I 31, 1; 2 e 8.

[117] V. n. a VII 56, 1 e 2.

[118] V. n. a II 17, 1.

sem te abalar o respeito pelas cãs da tua cona,
que já podes contar no número dos teus avós.
Prometes gozos aos molhos, mas o meu vergalho é surdo
e apesar de ser zarolho, ainda te vê muito bem.

38

Por veloz, Agatino,[119] que brinques com o extremo perigo,
não conseguirás, no entanto, que te caia a parma.[120]
Persegue-te se a atiras e, de volta, pelas leves brisas,
ou te cai no pé ou nas costas; na cabeleira ou na unha.
Por escorregadia que esteja a cena com a chuva de Córico[121]
e rápidos Notos arrebatem o toldo que lhes é negado,[122]
ela percorre ao abandono os membros firmes do jovem
e nem o vento nem a água afectam o malabarista.
Mesmo que queiras errar, por mais que faças, de falhar
não és capaz: é preciso perícia para te cair a parma.

39

Este é o dia primeiro que raiou para o Tonante do Palatino,[123]
  em que Cíbele desejaria ter dado à luz Júpiter;[124]
e aniversário da virtuosa Cesónia do meu amigo Rufo:
  filha não existe que mais deva à sua mãe.[125]
Alegra-se o marido a dobrar pela sorte dos seus votos:
  para este dia amar dois motivos ele tem.

---

[119] Agatino é um malabarista exímio. Por isso, Marcial assegura que, faça ele o que fizer, jamais deixará cair o escudo com que brinca perante a assistência.

[120] Escudo redondo de pequenas dimensões. Distinguia-se do *scutum* rectangular e maior.

[121] As *sparsiones* sobre os recintos dos espectáculos. V. n. a *Spect.* 3, 8 e III 65, 2.

[122] Para proteger do sol os espectadores do teatro ou da arena fazia-se correr, por um complexo sistema de cordas manobrado por marinheiros, um *uelum* ou *uelarium*, um toldo. Quando o vento (v. n. a V 71, 4) era muito forte, não se desenrolava.

[123] O nono dia antes das calendas de Novembro (24 de Outubro), aniversário de Domiciano (v. n. a VII 56, 2 e 4).

[124] Cíbele não era a mãe de Júpiter mas, por ser a 'mãe dos deuses', surge muitas vezes associada a Reia, como aqui acontece (v. n. a IX 20, 8).

[125] Porque o seu *dies natalis* é o mesmo de Domiciano.

40

Quando Diodoro, na mira da coroa tarpeia,[126]
largou para Roma, deixando Faros,[127]
fez Filene o voto, pelo regresso do marido,
de lhe chuchar aquilo – que mocinha ingénua! –,
aquilo de que tanto gostam até as castas sabinas.[128]
Quando o navio foi destroçado por funesta tempestade,
precipitado nas ondas e mergulhado no mar,
Diodoro, para o voto, a nadar se salvou.
Ó tão vagaroso e frouxo marido!
Se este voto na praia o fizesse a minha amada,
eu voltava mas era logo para trás.

41

Pôntico, se nunca fodes, e por concubina da esquerda
   te serves e ao serviço de Vénus tens a mão por amante,
julgas que não faz mal? É crime, acredita, e tão grande,
   quanto na tua mente mal podes abarcar.
É certo que bastou uma foda para Horácio fazer três filhos;[129]
   bastou Marte dar só uma, para a casta Ília ter gémeos.[130]
Tudo se tinha perdido se, masturbando-se os dois,
   confiassem às mãos os imundos prazeres.
Trata de acreditar que a própria natureza te diz:
   "o que com os dedos destróis, Pôntico, é um homem."

42

Assim sejas rico, Apolo, em teus campos de Mirina,[131]
assim dos cisnes velhos sempre possas tu gozar,[132]
assim as doutas irmãs[133] te continuem serviçais

---

[126] V. n. a IX 1, 5 e IX 3, 8.

[127] De todo o mundo vinham concorrentes aos jogos Capitolinos, como é o caso deste Diodoro, egípcio (v. n. a III 66, 1).

[128] V. n. a I 62, 1.

[129] Os três Horácios que lutaram em combate singular contra os três Curiácios, heróis de Alba, no reinado de Tulo Hostílio (séc. VII a.C.). Dois dos irmãos romanos foram mortos, mas o terceiro matou os três irmãos inimigos.

[130] Rómulo e Remo, filhos de Marte e Reia Sílvia (= Ília).

[131] Cidade da Eólia, onde havia um oráculo de Apolo.

[132] O canto dos cisnes antes de morrer.

[133] As Musas. V. n. a I 70, 6 e III 68, 6.

e a tua Pítia, em Delfos,[134] jamais engane alguém,
assim todo o Palácio[135] te venere e te ame:
ora duas vezes seis feixes,[136] a teu pedido,
a Estela o bom César logo dê e aprove.
Eu então, feliz, e em dívida pelo voto,
para morrer em sacrifício sobre o rústico altar,
um vitelo hei-de levar e de cornos de ouro.
Nasceu já a vítima, Febo; de que estás à espera?

43

Em dura pedra sentado, com a pele de um leão
a suaviza: é um deus grande em bronze escasso.[137]
Olha, de rosto inclinado, o firmamento que sustém,[138]
na esquerda, a maça de roble, na direita, a taça de vinho puro.
Não é nova a nomeada nem de nosso cinzel a glória:
contemplas a famosa dádiva e a obra de Lisipo.
Pertencia esta divindade à mesa do monarca de Péla,[139]
que, vencedor, jaz no mundo em breve tempo conquistado.
Por ele jurara Aníbal junto aos altares da Líbia,[140]
ele ordenara a Sula que largasse o poder cruel.[141]

---

[134] O mais famoso oráculo de Apolo. V. n. a V 4, 6.

[135] V. n. a VII 56, 1 e 2. Recorde-se que Domiciano era dado às letras (v. n. a V 5, 7).

[136] O consulado, simbolizado pelos doze *fasces* (v. n. a VII 63, 9), que Marcial deseja seja em breve atribuído a Estela (v. n. a I 7, 1). Tal só veio a acontecer, porém, anos depois, já com Trajano no poder.

[137] Este epigrama é a écfrasis de uma estatueta de longa e semi-lendária história, pertencente a Nóvio Víndex e que representava Hércules e os seus atributos (v. 4). Dizia-se que era obra de Lisipo, o célebre escultor grego do séc. IV, único autorizado por Alexandre a esculpir-lhe a imagem (a par de Apeles, pintor: v. n. a VII 84, 8), e que pertencera a Alexandre (v. 7-8), depois a Aníbal (v. 9) e, por fim, a Sula (v. 10). Também Estácio celebra a estatueta (*Siluae* IV 6).

[138] Hércules susteve a abóbada celeste durante alguns momentos para que Atlas (v. n. a VII 74, 6) pudesse ir colher para ele as maçãs de ouro do jardim das Hespérides.

[139] Alexandre nasceu nesta cidade da Macedónia.

[140] V. n. a IV 14, 5 e II 56, 1.

[141] V. n. a VI 19, 7. Um ano antes de morrer, Sula deixou o poder de espontânea vontade e consagrou-se à escrita das suas memórias (que, todavia, não chegaram até nós).

Enjoado dos terrores que aumentam nas várias cortes,
   goza agora a morada de uma casa particular.
Se foi convidado outrora do plácido Molorco,[142]
   quis agora do douto Víndex[143] ser o deus particular.

44
Perguntava eu há pouco ao Alcides[144] de Víndex,
quem era o autor da obra e do feliz labor.
Pôs-se a rir, como costuma, e disse com leve aceno:
"Tu, que és poeta, acaso não sabes grego?
Na base está uma inscrição que te indica nome dele."
De Lysippos, leio eu: de Fídias[145] a cuidava.

45
Como soldado, Marcelino, as Ursas hiperbóreas
   e os lentos astros[146] do pólo gético há pouco suportaras.
Ora o rochedo de Prometeu e a mítica montanha,
   quão de perto os olhos teus os devem buscar agora![147]
Ao veres as pedras que ecoaram os longos lamentos
   do velho, hás-de dizer: "Mas ele ainda foi mais duro!"
E poderás acrescentar: "Quem tais penas pôde suportar,
   de modelar o género humano,[148] era bem merecedor."

46
Gélio está sempre a construir: ora põe a soleira da entrada,
   ora adapta as chaves às portas e compra ferrolhos,
conserta e muda as janelas, ora estas ora aquelas,
   desde que construa, ele faz seja o que for,
para, quando um amigo dinheiro lhe pedir,
   poder Gélio dar esta única resposta: "estou a construir."

---

[142] V. n. a IV 64, 30.

[143] O adjectivo *doctus*, douto, aliado às informações de Estácio, sugerem que Víndex se dedicava à poesia de temática mitológica.

[144] V. n. a V 65, 2.

[145] V. n. a III 35, 2.

[146] A Ursa Maior e Bootes (a constelação do Boieiro). Cf. VIII 21, 3-4.

[147] V. n. a VII 80, 3. Marcelino parte agora para o Cáucaso e contribuirá para a pacificação da zona habitada pelos Sármatas. Sobre o castigo de Prometeu, v. n. a *Spect.* 9, 2.

[148] Prometeu modelou, com argila, o primeiro homem. Cf. XIV 182.

47

Demócritos, Zenões e Platões que nunca leste,
  e quaisquer de mau aspecto dos bustos eriçados,
de todos falas qual seguidor e herdeiro de Pitágoras,
  e não é nada menor a barba que tens pendente.[149]
Mas, coisa cara aos hircinos[150] e vil para os peludos,
  entre as tuas moles nádegas gostas de ter um bem rijo.
Tu, conhecedor dos princípios e do valor das escolas,
  diz-me lá, Pânico: levar no cu, que preceito é?

48

Quando, pelos teus santos e pela vida, juraste, Gárrico,
  que eu seria teu herdeiro de uma quarta parte,
acreditei – quem de bom grado rejeitará os seus desejos? –
  e a esperança acalentei: dei presentes sem cessar;
entre estes um javali de Laurento de peso singular
  eu te mandei: bem o podias julgar o etólio de Cálidon.[151]
E tu logo convidaste o povo e os patrícios,
  e anda ainda Roma pálida a arrotar ao meu javali.
Mas não fui – é incrível! – nem o último convidado,
  e nem uma costela me deste ou a cauda me mandaste.
Como posso eu esperar, Gárrico, um quarto de teus bens?!
Nem do meu próprio javali um cagagésimo recebi.

49

Esta é aquela tão cantada nos meus livros,
  a toga tão falada e amada de meu leitor.
Veio outrora de Parténio, do poeta[152] era a memorável
  lembrança; nela andava eu, garboso cavaleiro.[153]
Quando nova, brilhante refulgia de esplêndida lã;
  quando do seu doador ainda era digna do nome.

---

[149] Para se dar ares de filósofo, sábio seguidor dos quatro citados nos vv. 1 e 3.

[150] Os que cheiram a bode (*hircus*).

[151] V. n. a I 104, 6. Laurento, no Lácio, era terra afamada pelos seus bosques de loureiros (daí o nome) e pelos javalis que neles habitavam.

[152] V. n. a IV 45, 2 e VIII 28. A toga, cerca de um ano depois, está a precisar de ser substituída...

[153] Marcial pertencia ao *ordo equester* (v. Introdução ao vol. I, p. 11).

Velha agora e desdenhável quiçá para um pobre a tremer,
   com razão se pode dizer que é já como a neve.[154]
Oh longa voragem dos dias, ó longa voragem dos anos!
   Não é já de Parténio esta toga: é minha e basta.

50

Demonstras, Gauro, que o meu talento é tão pequeno,
   que os poemas que escrevo agradam porque são breves.
Tal e qual. Mas tu, autor de calhamaços, duas vezes meia dúzia,
   por tratares as guerras de Príamo,[155] já és um tipo grandíloquo?
Eu recrio o menino de Bruto,[156] eu a Lângon[157] dou vida;
   tu, que és grandíloquo, Gauro, crias um gigante de barro.[158]

51

O que sempre pediste aos deuses, contrariando teu irmão,
   te coube a ti, Lucano: foste o primeiro a morrer.
Inveja-te ele a ti: é que Tulo, para as estígias sombras,[159]
   desejava ir à frente, embora fosse mais novo.
Tens morada nos Elísios,[160] e, habitando o bosque ameno,
   é agora a primeira vez que queres estar sem teu irmão.
E se já dos claros astros desce a render o irmão,
   tu aconselhas Castor a não vir por amor de Pólux.[161]

52

Acredita em mim, Quinto, pois bem o mereces,
as calendas de abril em que nasceste, Ovídio,

---

[154] Já não branca como a neve, como outrora, mas fria como a neve, como agora.

[155] A guerra de Tróia, cantada em poema épico de doze intermináveis cantos.

[156] V. n. a II 77, 4.

[157] Parece tratar-se de uma estátua representando um jovem escravo. Assim, Marcial opõe ao enfado da poesia épica a sua poesia breve, como os epigramas em que faz a écfrasis de estatuetas notáveis (cf. IX 43, o Hércules de Víndex), uma poesia cheia de vigor como a dos jovens aludidos.

[158] Jogo com a polissemia do adjectivo *luteus*: de barro; vil, desprezível, sem valor.

[159] V. n. a I 78, 4.

[160] V. n. a I 93, 2.

[161] Cf. I 36 e notas.

eu as estimo tanto como as minhas, as de março.[162]
Ambos são para nós dias de luz feliz,
dignos de os marcarmos com pedras das melhores.[163]
Um deu-me a vida, mas o outro um amigo.
As tuas calendas, Quinto, mais valor têm para mim.

53

No teu aniversário, Quinto, queria eu dar-te, pequeno embora,
um presente; mas tu não deixas: és um tipo mandão.
As ordens são para cumprir; a vontade aos dois se faça
e a alegria dos dois: o presente, Quinto, dá-mo tu então.

54

Se de azeitona picena[164] se me aloirasse o tordo,
ou a floresta sabina esticasse as minhas redes,[165]
ou por leve presa arrastada fosse a longa cana,
e as aves agarradas um ramo viscoso retivesse:[166]
eu te daria o presente usual entre os parentes chegados;[167]
nem irmão, nem avô à tua frente eu poria.
Ora só estorninhos secos e o lamento dos tentilhões
o meu campo ouve, e só a melodia do pardal floresce.
Daqui responde o lavrador à pega que o saúda,
de além, rapace, se eleva aos céus um milhafre.[168]
Por isso te envio miudezas da minha humilde herdade:
se as quiseres aceitar, muitas vezes serás meu familiar.

---

[162] Marcial nasceu a 1 de Março, Quinto Ovídio a 1 de Abril. V. n. a III 6, 2 e VII 44, 1.

[163] V. n. a VIII 45, 2.

[164] V. n. a V 78, 20.

[165] Técnica venatória: colocadas redes, açulavam-se os animais de forma a que eles corressem para elas e aí ficassem presos.

[166] Processo de apanhar aves, que ficavam 'coladas' ao ramo coberto de visco. Cf. XIV 216.

[167] Na festa dos *Caristia*, em 22 de Fevereiro, quando os parentes mais chegados ofereciam presentes uns aos outros.

[168] Na propriedade do poeta não se apanha uma só ave comestível.

55

No dia dos parentes,[169] em que muitas aves se enviam,
 enquanto tordos para Estela e para ti, Flaco,[170] eu preparo,
vem-me à cabeça a enorme e custosa multidão,
 de todos os que se cuidam primeiros no meu coração.
Agradar aos dois é meu desejo; ofender a vários
 não é muito prudente; presentear a muitos é oneroso.
Arranjarei desculpa da única forma que posso:
 não darei os tordos a Estela, nem a ti, Flaco.

56

Viaja Espendóforo, escudeiro de seu amo, para as cidades
 [líbias:[171]
 prepara, Cupido, os dardos para os dares ao moço,
aqueles com que trespassas os jovens e as ternas moças,
 mas, na sua suave mão, seja polida também a lança.
Couraça, escudo e elmo, para ti os guarda:
 para entrar seguro na luta, que vá todo nu:
não o feriram um dardo, nem uma espada ou uma seta,
 enquanto do capacete se livrou Partenopeu.[172]
Quem quer que este fira, irá morrer de amor.
 Feliz de quem tem reservado um destino tão bom!
Volta, enquanto moço, enquanto tens macio o rosto:
 e não seja a Líbia, mas a tua Roma a tornar-te homem.

57

Nada mais puído que as lacernas[173] de Hédilo:
nem as asas dos velhos vasos de Corinto,
nem uma perna lisa por dez anos de grilhões,
nem a cerviz esfolada de uma mula estoirada,

---

[169] V. n. a IX 54, 5.

[170] V. n. a I 7, 1. Não é fácil distinguir entre as várias personagens com o nome de Flaco que se encontram nos epigramas de Marcial. Pela associação a Estela, deve aqui tratar-se de um patrono rico do poeta, talvez o mesmo de VIII 45 e 55.

[171] V. n. a II 56, 1.

[172] Um dos Sete contra Tebas, de fulgurante beleza, que morreu diante da cidade.

[173] V. n. a II 43, 7.

nem os sulcos que rasgam a via Flamínia,[174]
nem as pedras que brilham sobre o litoral,
nem a enxada polida na vinha toscana,
nem a toga amarelada de mendigo morto,
nem a roda estragada de um lento arrieiro,
nem o flanco de um bisonte raspado da jaula,[175]
nem o dente já velho de feroz javali.
Uma coisa há contudo – e nem ele o vai negar –
mais puído que as lacernas tem Hédilo o cu.

58

Ninfa rainha do sagrado lago, a quem Sabino,[176] lembrança
                                                                                                               [grata
  e duradoura, em piedoso preito, um templo consagrou,
assim a montanhosa Úmbria venere sempre as tuas fontes,
  e a tua Sársina não prefira as águas de Baias:[177]
recebe de boa mente estes trépidos livrinhos: a minha oferta;
  serás para a minha musa a nascente do Pégaso.[178]
Quem consagra os seus versos aos templos das ninfas,
  já por si está a indicar o que se deve fazer aos livros.[179]

59

Longa e repetidamente vagueava Mamurra pelos Septa,[180]
  aqui, onde a Roma áurea desbarata as suas posses:
olhou os tenros escravos e com os olhos os comeu,
  não os que expuseram logo nas tendas da frente,
mas os ocultos nos estrados de palanques reservados,
  e que nem o povo vislumbra, nem gente como eu.

---

[174] V. n. a IV 64, 19. Foi construída em 220 a.C.

[175] Decerto enquanto aguardava ser exibido e morto na arena.

[176] Césio Sabino, natural de Sársina, na Úmbria (cf. VII 97, 1-2 e n. a III 58, 35).

[177] V. n. a I 59, 1.

[178] Pégaso, o cavalo alado nascido do sangue da Medusa (v. n. a VI 10, 11), fez nascer, com uma pancada do seu casco, a fonte de Hipocrene, consagrada à Musas no monte Hélicon, na Beócia.

[179] Atirá-los à água, é óbvio. Cf. I 5 e III 100, 4.

[180] V. n. a II 14, 5

Já farto, às mesas e pés-de-galo vai tirar a cobertura
    e apreça o rico marfim exposto lá no alto,[181]
e medindo quatro vezes um hexaclínio de tartaruga,[182]
    lamenta que não dê para a sua mesa de tuia.[183]
Aplica o nariz a ver se os bronzes cheiram a Corinto,[184]
    e põe defeitos, Policleto,[185] até nas tuas estátuas;
e, queixando-se dos cristais um pouco falseados com vidro,
    assinala e põe de parte dez vasos de murra.[186]
Toma o peso a antigos cálices e, se as houver,
    as taças nobilitadas pela mão de Mentor,[187]
e conta as gemas verdes no ouro cinzelado
    e os grandes brincos que ressoem em orelha de neve.
Em todas as bancas procura sardónicas verdadeiras
    e propõe um preço para grandes jaspes.
À hora undécima,[188] quando, já cansado, tem de ir embora,
    compra dois cálices por um asse e por sua mão os leva.[189]

60

Quer nos campos Pesto tenhas nascido, quer nos de Tíbur,
    quer a tua flor tenha enrubescido a terra de Túsculo,
quer uma caseira te tenha colhido no seu jardim de Preneste,
    quer tenhas sido há pouco glória dos campos da Campânia,
para pareceres mais bela, coroa, ao meu caro Sabino,
    que ele julgue que és do meu campo de Nomento.[190]

---

[181] Os pés de marfim para as preciosas mesas, que se desmontavam e penduravam nas paredes, em exposição.

[182] Leito para seis convivas (e não para três, o mais vulgar), com incrustações valiosas.

[183] V. n. a II 43, 9.

[184] A ver se são autênticos.

[185] V. n. a VIII 50, 2.

[186] V. n. a III 26, 2.

[187] Célebre cinzelador grego do séc. IV a.C.

[188] V. n. a I 108, 9. Passa já da hora da *cena*...

[189] V. n. a I 103, 10. Nem um escravo tem para o acompanhar e levar as compras, como qualquer pessoa que se preza.

[190] Que nada produz. Cf. VII 31, 8. O destinatário do poema é decerto Césio Sabino (cf. VII 97; IX 58).

Livro IX

61

Nas terras de Tartesso há uma mansão muito famosa
  em que a rica Córduba ama o ameno Bétis,
onde dourados velos amarelecem de metal nativo
  e viva folha de oiro cobre o gado da Hespéria.[191]
A meio da casa, abraçando os penates por completo,
  se ergue a densa copa do plátano de César,[192]
que a dextra afortunada do invicto hóspede plantou
  e a crescer começou a vergôntea a partir daquela mão.
A árvore parece que sente quem é o autor e senhor:
  por demais viceja e para os altos céus lança os ramos.
Amiúde sob esta árvore brincaram Faunos[193] bem bebidos
  e uma flauta tardia aterrou o silêncio da casa;
e na fuga ao nocturno Pã, pela solidão dos campos,
  amiúde sob esta fronde uma dríade[194] agreste se ocultou.
E na morada se espalhou o odor às orgias de Lieu[195]
  e com o vinho derramado mais alegre cresceu a sombra.
Desmaiou[196] a erva enrubescida pelas coroas da véspera,
  sem que alguém possa dizer que são suas as rosas.
Ó desvelo dos deuses, ó árvore do grande César,
  não tens de temer o ferro ou o sacrilégio do fogo.

---

[191] V. n. a VII 28, 3; VII 22, 4; IV 28, 2; VIII 28, 6. *Corduba* (hoje Córdova) era a capital da Bética.

[192] Júlio César tê-lo-ia plantado numa das vezes em que esteve na Hispânia: como governador da Hispânia Ulterior (61 a.C.); quando em campanha contra o exército de Pompeio, que derrotou em *Ilerda* (hoje Lerida), em 48 a.C.; ou quando combateu os republicanos liderados pelos filhos de Pompeio, infligindo-lhes dura derrota em Munda (45 a.C.).

[193] V. n. a VIII 49, 4.

[194] V. n. a I 69, 1 e IV 25, 3. A sexualidade exacerbada de Pã fazia-o perseguir as ninfas, que geralmente fugiam, como fez Siringe. Esta, para não o deixar conseguir os seus intentos, transformou-se em cana, na margem de um rio. Ao ouvir o gemido do vento a agitar o canavial, Pã teve a ideia de criar um novo instrumento, a siringe ou flauta de Pã ('a flauta' do v. 12). Recorde-se a etimologia de 'pânico' (< Πανικός, 'de Pã'), porque se atribuíam a Pã os barulhos que se escutavam nas montanhas e bosques e que aterrorizavam as pessoas (cf. v. 12).

[195] Baco / Dioniso. O epíteto 'Lieu' assenta maravilhosamente no contexto. Λυαῖος, (< λύω) é o 'deus que liberta dos cuidados'.

[196] Optámos, neste caso, pela lição *deiecta* em vez de *delecta*, seguida, com uma *crux*, por S. Bailey.

Eternas honras à tua fronde te é lícito esperar:
não foram de Pompeio[197] as mãos que te plantaram.

62
Se roupas tingidas sempre de púrpura
usa Filene, quer de noite, quer de dia,
não é por ostentação nem por vaidade:
é do cheiro[198] que ela gosta, e não da cor.

63
Para jantar te convidam, Febo, todos os panelciros.
    Quem do vergalho se alimenta, boa rês não me parece.

64
Ao dignar-se descer ao rosto do grande Hércules,
    César à via Latina novo templo consagrou,[199]
onde o viajante em demanda do reino frondoso de Trívia[200]
    depara com o oitavo marco a contar da rainha das urbes.[201]
Antes venerado com votos e com vasta efusão de sangue,
    ele agora, deus menor, venera um Alcides maior.[202]
A este, uns pedem riquezas, outros pedem honrarias;
    àquele, em segurança, dirigem votos menores.

65
Ó Alcides, que o Tonante latino tem agora de perfilhar,
    depois que tens a bela face do nosso deus e César,

---

[197] V. n. a V 74, 1.

[198] V. n. a II 16, 3. Com cheiro tão intenso, Filene deve querer esconder o seu odor corporal, que é bem pior.

[199] V. n. a IX 3, 11. Embora existisse uma via Latina a SW de Roma, que ligava a capital à Campânia, Marcial designa sob este nome a via Ápia (cf. IX 101, 1), talvez por ser a mais antiga de todas. As duas vias, de resto, encontravam-se em *Casilinum* (Cápua).

[200] Diana. V. n. a V 1, 2.

[201] A oito milhas de Roma. V. n. a VII 31, 10. Foi possível identificar os restos arqueológicos deste templo, na precisa localização dada por Marcial.

[202] Nova hierarquia entre as divindades, segundo Marcial: Hércules, perante Domiciano, fica um 'Alcides de 2ª ordem'. V. n. a V 65, 2. A justificação vem a seguir: o que faz a grandeza é o que se pede ao deus e o que dele se espera e pode obter (cf. VIII 24).

se tivesses tido então este rosto e este aspecto,
   quando as tuas mãos venceram monstros ferozes,
a servir como escravo sob o tirano de Argos,[203]
   e a suportar ordens cruéis ninguém te teria visto;
mas às tuas ordens terias Euristeu; e não te enganaria
   Licas que trouxe o pérfido dom de Nesso;[204]
sem a condição da pira do Eta,[205] tranquilo terias subido
   aos astros do pai supremo, que a dor te mereceu;
e não terias fiado a lã da arrogante senhora lídia,[206]
   nem terias visto o Estige nem o cão do Tártaro.[207]
Tens agora o favor de Juno; agora o amor da tua Hebe;[208]
   se te vir agora a Ninfa, há-de restituir-te Hilas.[209]

66

Se tens uma esposa bela, casta, jovem,
   para que queres tu, Fabulo, o direito dos três filhos?[210]

---

[203] Euristeu (cf. v. 6), que impôs a Hércules os seus doze Trabalhos.

[204] Licas, servo de Hércules, trouxe-lhe, a mando da mulher do herói, Dejanira, a túnica embebida no sangue do centauro Nesso, que lhe causou o maior sofrimento e o levou à morte. Dejanira pensava que a túnica estava embebida num filtro que a faria recuperar o amor de Hércules, que ela sentia ter perdido a favor da cativa Íole. A túnica era vingança do centauro, morto pelo herói, e cumprimento do destino que dizia que Hércules só seria morto por alguém que já tinha sido morto por ele.

[205] Atormentado pela dor provocada pela túnica, Hércules imolou-se numa pira que fez acender no Eta, monte entre a Tessália e a Dóride. Foi então levado numa nuvem para o Olimpo, pois alcançou a imortalidade após tão duros trabalhos e tanto sofrimento.

[206] Alusão ao ano de servidão imposto ao herói pelo oráculo de Delfos como expiação pelo assassínio de Ífito. Foi vendido a Ônfale, rainha da Lídia, e obrigado a realizar trabalhos femininos, vestido de mulher, enquanto Ônfale usava a pele de leão e a maça, atributos do herói.

[207] Alusão a um dos Trabalhos, a descida aos infernos, para de lá trazer o cão Cérbero, tarefa que só levou a bom termo porque contou com a ajuda de Hermes e Atena.

[208] Todas as adversidades enfrentadas por Hércules tinham na base a inimizade de Juno contra ele, por ser fruto de mais uma das relações extra-matrimoniais de Júpiter. Mas, depois da apoteose, Juno reconciliou-se com o herói e deu-lhe Hebe, sua filha e de Júpiter, em casamento.

[209] V. n. a V 48, 5.

[210] O *ius trium liberorum*. V. n. a VIII 31, 2.

O que pedes, suplicante, ao nosso senhor e deus[211]
podes dá-lo a ti mesmo, se consegues endireitá-lo.

67

Toda a noite desfrutei de uma moça lasciva,
   que em jogos de amor a ninguém cede a palma;
já de mil maneiras cansado, pedi-lhe o que se pede a um rapaz.
   Nem terminei o pedido, e às primeiras palavras o deu.
A rir e a corar pedi uma coisa mais perversa;
   sem demora, excitada, o que pedi me prometeu.
Mas saiu pura de meus braços; não sairá dos teus, Ésquilo, se
                                           [queres
   aceitar este favor com deploráveis condições.[212]

68

Que tens tu connosco, mestre-escola desgraçado,
   figura odiosa aos rapazes e meninas?
Ainda os galos de bela crista não romperam o silêncio:
   já tu trovejas com berros e vergastadas cruéis.
Tão forte ressoa o bronze com as pancadas na bigorna,
   se o ferreiro fixa um advogado em cima do cavalo.[213]
Mais suave clamor é o delírio no grande anfiteatro
   do aplauso da turba se um lutador com parma[214] vence.
A graça de dormir – não a noite inteira – nós vizinhos te
                                           [rogamos
   uma vigília aguenta-se, uma directa é pesada.
Manda embora os teus alunos. Queres, sua gralha, o salário
   que recebes para gritar, aceitá-lo para te calares?

---

[211] De novo o título *dominus deusque*. V. n. a V 8, 1.

[212] Não é claro. Talvez se trate de *cunnilingus*, dado o conceito em que Marcial tem este prática.

[213] Trata-se de uma estátua equestre mandada fazer por um advogado, como costumavam fazer muitos particulares para colocarem no átrio de suas casas.

[214] Como os portadores destes escudos (*parmularii*, por oposição aos gladiadores que se armavam com grandes escudos: *scutarii*) raramente venciam (cf. XIV 213), quando isso acontecia o aplauso era mais efusivo.

69
Quando fodes, Policarmo, costumas no fim cagar.
Quando levas no cu, que fazes tu, Policarmo?

70
Exclamara outrora Túlio 'Oh costumes! oh tempos!'[215]
tramava então Catilina o seu crime sacrílego;[216]
cruzavam funestas armas o genro e o sogro
e a triste terra se encharcava das feridas dos cidadãos.[217]
Dizes agora 'Oh costumes!' porquê? agora 'Oh tempos!'
[porquê?
Que é que te não agrada, Meciliano, que é?
Não há crueza nos chefes; não há loucura nas armas;
podemos fruir a paz e a alegria em segurança.
Não é o que nós fazemos que conspurca os teus tempos:
mas é, Meciliano, o que os teus costumes fazem.

71
Um leão, glória dos Massilos,[218] junto a um macho do gado
  lanígero,[219] que admirável confiança os une!
Podes verificar por ti, habitam numa só jaula,
  e ambos tomam os alimentos em perfeita sociedade.
Nem as crias dos bosques nem a suave erva lhe aprazem:
  uma simples cordeira lhes sacia a fome semelhante.

---

[215] A célebre expressão *O tempora! O mores!* (aqui com os termos invertidos por razões métricas) de Marco Túlio Cícero no seu primeiro discurso contra Catilina (*In Catilinam* 1, 2). Esse é o passo mais conhecido, mas Cícero tem a mesma exclamação em três outros passos da sua obra (*In Verrem* 2.4.56; *De Domo sua* 137; *Pro Rege Deiotaro* 31).

[216] V. n. a V 69, 4.

[217] As guerras civis, neste caso a que opôs César e Pompeio. César deu sua filha Júlia em casamento a Pompeio para firmar a aliança que em dado momento fizeram e ficou conhecida como 1º triunvirato. O casamento, embora com essa base de interesse político, resultou em amor, interrompido apenas porque Júlia morreu de parto. As relações entre César e Pompeio entretanto esfriaram, acabando na sangrenta guerra civil de que César saiu vencedor e único senhor de Roma.

[218] V. n. a VIII 53, 1.

[219] Rebuscada perífrase para referir um carneiro.

Que mérito têm o terror de Némea e o portador de Hele,
    para os reluzentes signos no alto céu lhes brilharem?[220]
Se gado e feras podem merecer os céus,
    este carneiro, este leão eram dignos das estrelas.

72
Ó Líber, de fronte cingida com a coroa amicleia,
    que com a mão ausónia dás golpes à moda grega,[221]
se me mandas o almoço dentro de um cesto entrançado,
    porque não vem uma garrafa a acompanhar as iguarias?
Mas se enviasses presentes ao teu nome adequados,
    estás a ver, julgo eu, o que oferecer me deverias.[222]

73
Peles antigas com os dentes costumavas esticar
    e mordiscar solas podres e velhas já da lama;
por fraude ao teu patrono tens os campos de Preneste,
    onde nem uma cabana, julgo eu, merecias ter tido;
e partes copos de cristal, ébrio de quente falerno,
    e com o Ganimedes do teu senhor te excitas.[223]
A mim, os meus pais, tontos, deram-me a aprender as letrinhas:
    os gramáticos e os retores[224] que ganho eu com eles?
Quebra as penas fracotas, Talia,[225] e rasga estes livrinhos,
    se tal lucro pode dar um sapato ao sapateiro.

---

[220] Os dois signos do Zodíaco, o Leão e o Carneiro, que se dizia serem o leão de Némea abatido por Hércules e o carneiro do Velo de Ouro, que transportou Hele e Frixo (v. n. a V 65, 2; VI 3, 6 e VIII 28, 19).

[221] Líber é um atleta pugilista, participante em *agones*, os jogos e exercícios à maneira grega que tanto tempo levaram a ser bem vistos pelos Romanos. Nascido em Amiclas (na Lacónia, a sul de Esparta), Pólux, um dos Dióscoros, era o patrono dos pugilistas. V. n. a VII 57, 2.

[222] Líber é o nome de uma divindade itálica da fertilidade assimilada a Dioniso / Baco. Falta, pois, no cesto dos presentes, o precioso néctar para acompanhar o almocinho.

[223] V. n. a I 18, 5 e I 6, 1.

[224] V. n. a V 56, 3.

[225] V. n. a II 22, 2.

Livro IX

74
O retrato de Camónio,[226] em menino, se conserva na pintura
e da criança subsiste a delicada figura.
Não mandou representar o rosto na flor da idade
o devoto pai que teme ver uma boca muda.

75
Não de pedra dura ou em alvenaria construído,
nem de tijolo cozido, com que Semíramis cingiu
a longa Babilónia,[227] Tuca um banho construiu :
mas com uma pilha de madeira e juntas de pinho;
Tuca, com um banho destes até pode navegar.
Mas, no seu requinte, construiu umas belas termas
de mármore de toda a casta: o que Caristo[228] descobriu,
o que a frígia Sínade[229], a africana Numídia envia,[230]
o que o Eurotas[231] lava com a sua fonte verde.
Mas falta a lenha... Trata de pôr o banho debaixo das termas.[232]

76
Esta que vês é a face do meu querido Camónio,[233]
    foi este o aspecto e os primeiros traços de menino.
Crescera este rosto, mais forte, duas dezenas de anos,
    e a barba se comprazia agora de tingir as suas faces,
e, dedicada uma só vez,[234] purpurou há pouco as navalhas

---

[226] Cf. VI 85.
[227] V. n. a VIII 28, 18. Semíramis construiu o fabuloso palácio onde existiam os jardins suspensos da Babilónia, cidade que ela própria ergueu. As muralhas da nova cidade tinham a extensão de 66 km, 100 m de altura e, na largura, cabiam seis carros e respectivos cavalos.
[228] Cidade da Eubeia, célebre pelos seus mármores de tons verdes.
[229] V. n. a VI 42, 13.
[230] O mármore amarelo proveniente da Numídia. V. n. a VIII 53, 1.
[231] Rio da Lacónia, onde havia um precioso mármore verde. V. n. a VI 42, 11.
[232] O 'banho' é de águas frias (mas construído com madeira); as 'termas' são de água quente (mas construídas em mármore e, por isso, geladas). Solução de Marcial: queimar o 'banho' para aquecer as 'termas'. Recorde-se que para aquecer as salas das termas queimava-se lenha de forma a que o calor produzido circulasse por baixo do chão.
[233] Cf. VI 85 e IX 74.
[234] Na cerimónia da *depositio barbae*. V. n. a III 6, 2.

enquanto a afloravam. Uma das três irmãs[235] o invejou
e à apressada trama tratou de cortar os fios,
  e as cinzas da pira ausente restituiu a urna ao pai.
Mas para que não só a pintura nos fale do menino,
  esta imagem maior ficará nos meus escritos.

77

Qual o banquete modelo se discute
  na página eloquente de Prisco,
muitas coisas em tom suave, muitas, sublimado,
  mas sempre com inspiração erudita.
O melhor dos banquetes querem saber qual é?
  É onde não houver tocadores de flauta.

78

Depois de enterrar de sete maridos, Gala casou contigo,
  Picentino: Gala, julgo eu, quer ir atrás dos maridos.

79

Odiava antes Roma os servos dos imperadores
  e a corte anterior e a arrogância do Palácio.[236]
Mas agora, Augusto, todos amam tanto os teus,
  que cada um da sua casa cuida em segundo lugar:
tão gentis são de carácter, tão respeitosos de nós,
  tão afável placidez, tanta modéstia no rosto.
Não são deles os hábitos – como é próprio de corte poderosa –,
  mas os da corte de César têm os hábitos do soberano.

80

Pobre e a morrer de fome, casou com uma velha rica:
  a esposa dá-lhe de comer e Gélio trata de a foder.

81

O leitor e o ouvinte aprovam, Aulo, os meus livrinhos
  mas há um fulano que diz que não estão perfeitos.

---

[235] As Parcas (v. n. a I 88, 9). Láquesis cortou-lhe o fio da vida quando contava vinte anos (v. 3) e estava longe da família, na Capadócia.
[236] V. n. a VII 56, 1 e 2.

Não faço grande caso: pois com os pratos do meu jantar,
aos convivas agradar mais quero que aos cozinheiros.[237]

82
Um astrólogo te dissera, Muna, que morrerias cedo,
e julgo que o que ele te disse não era mentira nenhuma.
Tu, com medo de deixar depois da morte alguma coisa,
esbanjaste em excessos as riquezas do teu pai,
e em menos de um ano os teus dois milhões arderam.
Diz-me lá, ó Muna, não é isto morrer[238] cedo?

83
Entre tantos milagres da tua arena, César,
que vencem os dons notáveis dos príncipes antigos,
grande dívida os olhos te confessam; mas maior os ouvidos:
estão agora a assistir os recitadores do costume.[239]

84
Enquanto se erguia, Norbano,[240] contra as revoltas sacrílegas[241]
a tua fidelidade sagrada por César teu senhor,
eu gracejava em segurança à sombra das Piérides,[242]
eu, da tua amizade bem conhecido cultor.

---

[237] Marcial prefere agradar ao público a receber o aplauso dos companheiros de ofício.

[238] O verbo *perire* é usado em dois sentidos: 'morrer' (v. 1) e 'ser destruído', neste caso a fortuna (v. 6).

[239] Isto é: enquanto assistem aos espectáculos, não massacram os ouvidos de quem tem que ouvir as *recitationes*, as enfadonhas leituras públicas (v. n. a I 63, 2 e I 76, 14).

[240] Identificação controversa: Ápio Máximo Norbano, legado da *Germania Inferior* que, pelo seu valor, foi depois enviado a esmagar a revolta de Saturnino, na *Germania Superior* (cf. IV 11)? O prefeito do pretório, encarregado de velar pela segurança pessoal do imperador, e que, segundo o historiador Díon Cássio, esteve ao corrente da conspiração que veio a resultar no assassínio de Domiciano em 96?

[241] Tudo o que atente contra o imperador é sacrílego e, por isso, merecedor do maior castigo. Recorde-se que a *lex maiestatis* abrangia justamente esse tipo de crimes.

[242] Epíteto das Musas. V. n. a I 76, 3.

Recitava-me a ti um reto em terras da Vindelícia[243]
e ainda de Arcto[244] não era conhecido o meu nome.
Oh quantas vezes, sem negar a nossa velha amizade,
  disseste: 'é meu amigo este poeta, é meu amigo!'
Toda a minha obra que dois triénios seguidos
  te oferecia então o leitor, ta oferece agora o autor.

85

Sempre que o nosso Paulo, Atílio, se sente mais doente,
  não é ele que faz jejum, mas os seus convidados.
Deveras súbita e fingida é a doença de que sofres,
  mas a minha espórtula, Paulo, é que esticou o pernil.

86

Gemia a morte temporã do seu filho Severo
  Sílio,[245] douto na língua ausónia, e não num só campo;[246]
eu, triste, me queixava, com o piério grupo e Febo.[247]
"Também eu", disse Apolo, "chorei o meu Lino".[248]
Voltou-se para a sua Calíope[249] que do irmão[250] estava perto
  e acrescentou: "Também tu tens uma ferida.
Olha o Tonante tarpeio e olha o palatino:[251]

---

[243] Norbano esteve seis anos (cf. v. 9) em missão na Récia (hoje, o Tirol e parte da Suíça). A Vindelícia é a zona norte da Récia.

[244] V. n. a VII 7, 1 e IX 31, 1. Aqui designa os povos do norte.

[245] Cf. VIII 66 e notas.

[246] Pois era orador e poeta. Quanto à carreira literária de Sílio, cf. VII 63.

[247] Apolo e as Musas. V. n. a I 76, 3.

[248] Lino era filho de Apolo. Existem várias versões da sua história: numa, sua mãe era a Musa Terpsícore (v. n. a III 68, 6). Lino, professor de música de Héracles / Hércules, batia-lhe frequentemente por causa da indisciplina ou da falta de ouvido do herói. Um dia, o aluno cansou-se e matou o professor, atirando--lhe com um banco (ou uma lira). Julgado, invocou legítima defesa e foi absolvido.

[249] Calíope, a Musa da poesia, é a mãe de Orfeu, que morreu despedaçado pelas mulheres da Trácia, na versão mais divulgada porque estavam despeitadas com a sua indiferença para com o sexo oposto após ter perdido a amada Eurídice.

[250] As Musas são irmãs de Apolo por parte de pai, que é Zeus / Júpiter.

[251] Os dois Joves: o Júpiter do Olimpo (v. n. a V 55, 1 e IV 54, 1) e o Júpiter de Roma, Domiciano (v. n. a VII 56, 1 e 2).

a um e outro Jove os feriu o nefasto ousar de Láquesis.[252]
Se vês as deidades aos duros destinos sujeitas,
    bem podes absolver da inveja os deuses."[253]

87
Depois de emborcados sete cálices de opimiano,[254]
já, gago, eu jazia dos muitos quartilhos.
Vens-me tu então com não sei que tabuinhas[255]
e dizes: "Mandei libertar há pouco
Nasta – é o meu escravozinho paterno –:
põe o teu selo"[256]. É melhor fazer amanhã, Luperco.
Agora o meu anel está a selar uma garrafa.[257]

88
Caçador da minha herança, mandavas-me presentes;
    depois que a caçaste, dás-me, Rufo, népias.
Para manteres a caça, manda presentes ao caçado,
    não vá o javali fugir da jaula por estar mal alimentado.

89
Com uma lei assaz dura obrigas o convidado a escrever
    versos, Estela:[258] "Mas é permitido, claro, escrevê-los maus."

---

[252] V. n. a I 88, 9. Júpiter perdeu um filho, Sarpédon, o melhor guerreiro entre os aliados dos Troianos, que morreu às mãos de Pátroclo. Na *Ilíada*, canto 16, podemos acompanhar a dor de Zeus tentando afastar o destino fatal do filho e, depois de o ver morto, cuidando de o honrar. Quanto a Domiciano e ao filho que perdeu, v. n. a IV 3, 8.

[253] É o conceito do φθόνος θεῶν, a inveja que os deuses sentem quando os mortais são demasiado felizes, e que os leva a enviar-lhes dor e adversidade.

[254] V. n. a I 26, 8.

[255] As *tabellae* dos documentos, neste caso a (suposta) alforria de um escravo.

[256] Para ser testemunha. Mas Marcial está demasiado toldado pelo vinho para o fazer, embora não o bastante para esquecer a precaução de esperar pela manhã e poder ler o que realmente assina.

[257] A marcá-la como sua propriedade...

[258] V. n. a I 7, 1. A interpretação do epigrama é obscura. Estela espera de Marcial poemas para os jantares em sua casa. Se não puderem ser bons, que sejam então maus, desde que haja poemas para o convívio?

90

Assim te reclines na florido relvado,
onde daqui e dali, em pedregosos riachos,
rolem calhaus sob a curva das águas,
longe do alcance de todos os chatos;
derretas o gelo num cálice de vinho negro,
com a fronte vermelha de coroas tecidas;[259]
assim tu gozes de um jovem efeminado,
e acendas de desejo uma moça muito casta:
do excessivo calor da mal-afamada Cipro
te resguardes, Flaco,[260] eu te aconselho e te peço,
quando a eira debulhar as searas crepitantes,
e se enfurecer a juba ardente do leão.
Mas tu, deusa de Pafos,[261] devolve o jovem,
pelos meus votos, devolve-o são e salvo.
Assim te venerem as calendas de março,[262]
e com incenso e vinho puro e uma vítima,
te ofereçam, nos brancos altares,
incontáveis fatias de bolo[263] cortado.

91

Se para jantar, em céus diversos, convites recebesse:
   para um, um convite de César, para outro, um de Jove,
fosse embora o céu mais perto e o palácio[264] mais distante,
   em resposta aos altos deuses mandava repetir isto:
"Procurai quem prefira ser convidado do Tonante:[265]
   podem ver que o meu Júpiter na terra me retém."[266]

---

[259] V. n. a II 1, 10 e VIII 77, 4.
[260] Cf. VIII 45, 7-8 e nota.
[261] V. n. a VII 74, 4.
[262] Dia da celebração das Matronais (v. n. a V 84, 11). Homenageavam-se as amadas, logo, Vénus...
[263] A *placenta*. V. n. a III 77, 3.
[264] V. n. a VII 56, 1 e 2.
[265] V. n. a V 55, 1.
[266] Marcial rejubila porque foi um dos convidados para um banquete oferecido por Domiciano. Também Estácio escreveu um poema de agradecimento por convite semelhante (*Siluae* 4. 2).

92

Nem sabes os males de ser senhor, as vantagens de ser escravo,
  Côndilo, que a tua escravatura há longo tempo lamentas.
A tua reles esteira te dá um sono sem cuidados,
  mas em leito de penas deitado, Gaio tem insónias.
Sai Gaio a tiritar, mal reluz o buraco, para saudar[267]
  montes de senhores, mas tu, Côndilo, nem o teu saúdas.
"Paga o que me deves, Gaio," lhe diz daqui, Febo e dali,
  Cínamo: isto, Côndilo, ninguém te diz a ti.
Temes o carrasco? A gota nas mãos e nos pés[268] é a tortura
  de Gaio, que mil chicotadas antes queria apanhar.
Se de manhã não vomitas, nem lambes conas, Côndilo,
  não preferes ser tu do que três vezes Gaio?

93

Porque não deitas, meu rapaz, mais falerno imortal?[269]
  Dá-me outro copázio de uma velha pipa.
Diz-me agora, Catacisso, a qual dos deuses
  eu te mando seis cíatos verter. Será a César?[270]
Uma coroa de rosas me põe dez vezes na cabeça[271]
  para indicar o autor da solene obra à divina dinastia.[272]
Dá-me agora cinco beijos a dobrar até fazer por completo
  o nome que o nosso deus trouxe do mundo odrísio.[273]

94

Deu-me um copo da mezinha dos Sântones[274]
  e mulso[275] me pede Hipócrates[276] – que tipo descarado!

---

[267] A prática da *salutatio* aos patronos. V. n. a I 55, 6.

[268] A doença provocada pelos excessos alimentares e de vinho, justamente aquilo que um escravo não comete. A pobreza controla-lhe o ácido úrico...

[269] V. n. a I 18, 5.

[270] V. n. a III 82, 29. Segundo o costume referido em n. a VIII 50, 21, seis taças pelo vocativo *Caesar*.

[271] V. n. a VIII 77, 4. Dez vezes: tantas quantas o número de letras do adorado nome *Domitianus*.

[272] O *templum Gentis Flauiae*. V. n. a VI 4, 3.

[273] V. n. a VII 8, 2. Dez beijos: tantos quantas as letras do título *Germanicus* (ou talvez *Sarmaticus*, por referência às vitórias mais recentes).

[274] Povo da Aquitânia. Referência ao absinto.

[275] Mistura de vinho e mel. Cf. XIII 108.

[276] O nome é bem escolhido, dada a associação com o famoso médico grego.

Penso que tão burro, Glauco, nem tu foste alguma vez:
que tinhas dado *de l'or* a quem te dava *de l'airain*.²⁷⁷
Alguém pedirá doce em troca de amarga oferta?
Estou pronto a aceitar, se ele o beber com heléboro.²⁷⁸

95
Se antes era Álfio, agora Ólfio passou a ser,²⁷⁹
depois que Atenágoras arranjou mulher.

95b
O verdadeiro nome de Atenágoras queres saber, Calístrato,
raios me partam se eu sei quem seja Atenágoras.
Mas julgo que digo, Calístrato, o nome verdadeiro:
não é meu o erro, mas do vosso Atenágoras.

96
O médico Herodes roubou um vaso ao doente.
Apanhado em flagrante, disse: "Ó seu tonto, com que então a
[beber?!"

97
Estoira de inveja um fulano, caríssimo Júlio,²⁸⁰
porque Roma me lê, estoira de inveja.
Estoira de inveja por, em todos os ajuntamentos,
com o dedo me indicarem, estoira de inveja.
Estoira de inveja por dois Césares me facultarem
o direito dos três filhos,²⁸¹ estoira de inveja.

---

²⁷⁷ Traduzimos em francês o que no original está em grego: χάλκεα e χρύσεα. Recorde-se o episódio da *Ilíada* em que Glauco, que combatia como aliado dos Troianos, trocou as suas armas de ouro pelas armas de bronze de Diomedes, em cumprimento dos ritos do dever da hospitalidade que ligava as famílias de ambos.

²⁷⁸ Planta tóxica, usada na Antiguidade como analgésico (por ex. para as dores provocadas pela gota) e também como tratamento da loucura.

²⁷⁹ Epigrama obscuro (bem como o seguinte, que lhe está associado). Poderá ter sentido obsceno: propomos a explicação de que o A e o O iniciais (conjugados com os sons seguintes) indiquem diferentes aberturas da boca em diferentes práticas de sexo oral. Estará em causa uma mudança de comportamento paradoxal, e daí o cómico pelo inesperado: se solteiro, tinha aquelas práticas com mulheres; casado, passou a tê-las com homens. Esta é apenas uma tentativa de explicação.

²⁸⁰ Júlio Marcial. V. n. a I 15, 1.

²⁸¹ Cf. II 91 e 92.

Livro IX

Estoira de inveja por eu ter uma grata quinta suburbana
   e uma pequena casa urbana,[282] estoira de inveja.
Estoira de inveja por eu ser o deleite dos amigos,
   por ser muito convidado, estoira de inveja.
Estoira de inveja porque sou amado e aplaudido.
   Estoire[283] então quem quer que estoire de inveja.[284]

98
Nem em todo lado a colheita do vinho
foi má, Ovídio; a chuva ajudou à grande.
Cem ânforas encheu Corano... de água.[285]

99
Deleita-se Marco António[286] com as minhas musas, Ático,
   se é verdade o que diz na carta de saudação:
Marco, da Tolosa de Palas glória incontestada,
   gerada na Quietude, que é filha da Paz.
Tu que podes suportar o fardo de um longo caminho,
   vai, ó meu livro, penhor do amigo ausente.
Serias reles, confesso, se oferta de um comprador;
   ser presente do autor faz o teu grande preço.
Faz muita diferença, acredita, beber da fonte
   que corre ou da água parada na quietude do lago.

---

[282] A propriedade de Nomento e a casita no Quirinal (sem água, é verdade...).

[283] Parece haver um duplo sentido nesta imprecação, jogando com o sentido vulgar de *rumpere*, 'estoirar, romper', e o significado obsceno que pode ser-lhe atribuído.

[284] A anadiplose do sintagma *rumpitur inuidia* ('estoira de inveja'), que além disso começa e acaba o epigrama, aproximando o conjunto das repetições da concatenação perfeita, serve ao poeta para acentuar o seu regozijo quase vingativo perante o impotente estrebuchar de um *quidam* que não suporta as recompensas e o favor que Marcial tem obtido da vida, em especial tudo o que deve ao imperador.

[285] Vai ser-lhe útil para 'aguar' o vinho...

[286] É possível que se trate de Marco António Primo, general da confiança de Vespasiano e que, em apoio deste, infligiu pesada derrota aos partidários de Vitélio. No momento em que Marcial escreve, viveria, já avançado em anos (cf. X 23), retirado da vida pública na sua terra natal, *Tolosa* (hoje Toulouse, cidade dedicada a Palas / Minerva por ser um importante centro de cultura ou por enobrecê-la a actividade intelectual daquele seu filho, cf. v. 3).

100

Por três denários me convidas e de toga pela manhã,
a honrar o teu átrio, tu, Basso, me obrigas;
depois a colar-me ao teu lado, a ir à frente da liteira,
a visitar contigo mais ou menos dez viúvas.[287]
Já está reles e velha do uso a minha togazeca:
mas não a compro, Basso, só com três denários.

101

Ó via Ápia,[288] por César, venerando sob o aspecto de Hércules,
consagrada, ó glória suprema das vias ausónias,[289]
se do Alcides anterior[290] queres conhecer os feitos,[291]
sabe que subjugou a Líbia; colheu os pomos de ouro;
à amazona armada de pelta o cinto cítico desatou;
ao javali arcádio juntou a pele do leão;
dos bosques, a cerva de brônzeos pés, dos céus, as Estinfálides
retirou; das águas estígias regressou com o cão;
não deixou que a Hidra fecunda das mortes recobrasse,
lavou os bois da Hespéria no toscano curso de água.
Isto o Alcides menor; escuta o que fez o maior,[292]
venerado ao sexto marco a contar dos muros de Alba.[293]

---

[287] Para lhes caçar as heranças. Sobre as obrigações do *cliens* para com o seu patrono, v. n. a II 18, 6 e I 55, 6.

[288] Cf. IX 64 e 65 e notas.

[289] Por ser a primeira, logo, a mais ilustre. Os primeiros 211 km, entre Roma e Cápua, foram construídos em 312 a.C. por Ápio Cláudio Ceco, que lhe deu o nome.

[290] A hierarquização agora é simplesmente cronológica. V. n. a IX 64, 6.

[291] Nos sete versos seguintes, Marcial vai evocar alguns dos feitos e Trabalhos de Hércules: as maçãs de ouro do jardim das Hespérides, situado no norte de África, onde teve outras aventuras como o episódio do gigante Anteu e o de Busíris (v. 4); o cinto de Hipólita, a rainha das Amazonas (v. 5); o leão de Némea e o javali de Erimanto (v. 6); a corça de Cerineia e os pássaros do lago Estínfalo (vv. 7-8); o cão Cérbero (v. 8); a Hidra de Lerna (v. 9); os Bois de Gérion (v. 10). Para recordar estes episódios, recomenda-se a leitura de P. Grimal, *Dicionário da Mitologia Grega e Romana*. Lisboa, Difel, ᴿ1995.

[292] Regresso à escala de valores de IX 64, 6. Seguem-se onze versos (mais quatro que para Hércules…) com o glorioso *curriculum* de Domiciano.

[293] A localização do templo é agora feita relativamente a Alba, talvez pelo que tal cidade representava para Domiciano (v. n. a V 1, 1).

Salvou o palácio usurpado por maus governadores,[294]
por seu Jove, ainda moço, travou a guerra primeira;[295]
embora já das rédeas júlias só ele fosse detentor,
passou-as e no orbe que era seu foi apenas o terceiro;[296]
partiu três vezes os cornos ao pérfido Istro sarmático;
lavou o suor do cavalo três vezes na neve gética;[297]
parco a celebrar triunfos amiúde[298] recusados,
um nome vencedor trouxe do mundo hiperbóreo;[299]
deu templos aos deuses,[300] costumes aos povos,[301] descanso às
  [espadas,[302]
a divindade aos seus, estrelas ao céu,[303] coroas a Jove.[304]

---

[294] Os partidários de Vitélio que, na ausência de seu pai e irmão, ocuparam o Capitólio. É, pois, um acontecimento de Dezembro do ano 69, tinha Domiciano 18 anos (v. 14: *puer*, 'ainda moço').

[295] V. n. a V 1, 8; VI 4, 3 e VI 10, 2.

[296] Enquanto Vespasiano não voltou de Alexandria, onde se encontrava, e estando Tito em campanha na Judeia, Domiciano partilhou o governo de Roma com o general Muciano. Mas cedo percebeu, com o regresso do pai como imperador e, depois, com a indigitação do irmão como sucessor no poder, que não sobrava muito espaço para ele. Marcial diz que ele cedeu as rédeas de Roma ('júlias', de Iulo, v. n. a VI 3, 1) por modéstia e respeito para com o pai e irmão, mas os historiadores Tácito e Suetónio sugerem que ele não teve outro remédio senão aceitar o papel subalterno que lhe reservavam e que terá sido então que se dedicou à poesia (v. n. a V 5, 3 e 7).

[297] As três campanhas vitoriosas contra os povos germânicos. V. n. a VII 7, 2 e 3.

[298] Não se pode exagerar mais a adulação. Foi uma única a vez em que Domiciano simulou não querer o triunfo (v. introdução). E os triunfos celebrados foram tudo menos 'parcos'.

[299] O título *Germanicus* (v. n. a II 2, 4), assumido em 83, e também o de *Dacicus* (cf. n. 1 a VIII *praef.*). V. n. a VII 6, 1.

[300] Todos os que erigiu, e os que reconstruiu, e a concomitante renovação de cultos e ritos.

[301] Toda a legislação assumida como *censor perpetuus*, no âmbito da moralização dos costumes.

[302] Criou as condições para a paz e o usufruto do *otium*. Mas os dados históricos apontam para um principado de constantes conflitos bélicos.

[303] V. n. a VI 4, 4. A juntar ao panteão há ainda que considerar o próprio Domiciano, já autoproclamado deus.

[304] Os jogos Capitolinos. V. n. a IV 1, 6.

A divindade de Hércules não chega a tais feitos:
empreste este deus o seu rosto, mas, sim, ao pai tarpeio.³⁰⁵

102

Devolves-me um recibo, Febo, de quatrocentos mil,
trata antes de me emprestar, Febo, mas é mais cem.
Procura outro a quem te gabes da tua oferta vã:
o que te não posso pagar, Febo, é meu.³⁰⁶

103

Que nova Leda³⁰⁷ te gerou tão iguais servidores?
Que Lacena³⁰⁸ nua foi por outro cisne seduzida?
Coube a Híero o rosto de Pólux, a Asilo o de Castor,
e em ambos brilham as feições da irmã, filha de Tíndaro.³⁰⁹
Se tal formosura houvesse na terapneia Amiclas,³¹⁰
quando foram por dons menores duas deusas vencidas,³¹¹
terias ficado, Helena, e regressaria ao frígio Ida
o dardânio³¹² Páris com dois gémeos Ganimedes.³¹³

---

³⁰⁵ Perante os factos, Marcial conclui que Domiciano deve emprestar os traços fisionómicos ao próprio Júpiter (v. n. a IV 54, 1) e não a Hércules. Sublinhe-se a ironia de ser este o último epigrama que o poeta consagra ao *princeps*, sendo ele vivo. Não muito depois, Domiciano foi assassinado e Marcial teve de reformular o alvo e os objectivos dos seus encómios.

³⁰⁶ Cf. VIII 37.

³⁰⁷ Alusão ao mito de Leda, seduzida por Zeus / Júpiter sob a forma de cisne, e aos filhos nascidos dessa união. V. n. a I 36, 2 e IV 55, 7.

³⁰⁸ Lacena = Lacedemónia = Lacónia.

³⁰⁹ Helena, embora ela passasse por filha de Zeus. Ou então Clitemnestra, filha do rei Tíndaro, marido 'humano' de Leda.

³¹⁰ Terapne é uma cidade da Lacónia próxima de Amiclas (v. n. a IX 72, 2), onde havia um templo aos Dioscuros e onde, segundo uma versão da lenda, Helena e os irmãos teriam nascido, só depois indo para Amiclas.

³¹¹ Referência ao Juízo de Páris e às duas deusas preteridas, Hera / Juno e Atena / Minerva. Ganhou, como se sabe, Afrodite / Vénus, que prometeu a Páris o amor da mais bela mulher do mundo, Helena. Foram esses 'dons menores' que causaram a guerra de Tróia. Hera prometera a Páris o domínio sobre a *Asia* e riquezas imensas, enquanto Atena lhe destinaria a glória na guerra e a sabedoria.

³¹² V. n. a VI 3, 1.

³¹³ Se o que estivesse em jogo fossem os dois jovens escravos Híero e Asilo, Páris teria deixado Helena a Menelau e tê-los-ia levado a eles para Tróia. V. n. a I 6, 1. Foi no Ida que Ganimedes foi raptado para ser escanção e favorito de Zeus, e foi também no Ida que teve lugar o Juízo de Páris.

ÍNDICE

Nota prévia	5
Introdução	7
Livro VII	15
Livro VIII	56
Livro IX	99

Impressão e acabamento
da
CASAGRAF - Artes Gráficas Unipessoal, Lda.
para
EDIÇÕES 70, LDA.
Outubro de 2001